GOLDMANN

Buch

Der Brief als Wesensausdruck des Menschen,
als Spiegel seiner Gedanken,
Empfindungen und Absichten.
Die Ansprache als Zeugnis
eines mehr oder weniger
lebendigen Verhältnisses zum
Mitmenschen.

Unter dem Vorwand, eine Anleitung für schöne deutsche Briefe und Ansprachen zu geben, hat Felix Rexhausen einen Angriff auf den Sprach- und Denkstil der Bundesrepublik zwischen Paulskirche, Betriebsversammlung und Wellensittich gestartet. Was hier zum Muster erhoben wird, das ist eine im Kleinbürgermief verfälschte, in Heuchelei, Klischees, Vorurteilen und Lügen erstickte Sprache. Dieses Buch entblößt gedankenloses Plappern, unehrliche Gefühle und beamteten Schwachsinn. Die harte Kritik ist jedoch gut lesbar in witzige Geschichten verpackt. Der Verfasser hat seinen Deutschen aufs Maul geschaut – und zum Glück einen Dreh gefunden, sein Entsetzen in Satire zu verwandeln.

Autor

Felix Rexhausen, Jahrgang 1932, lebt als freier Journalist und Autor in Hamburg.

FELIX REXHAUSEN

SCHÖN DEUTSCH GESAGT

Briefe und Ansprachen für alle Gelegenheiten

GOLDMANN VERLAG

Illustrationen von Hans de Haëm

Made in Germany · 1/86 · 1. Auflage
Genehmigte Taschenbuchausgabe

Herausgeber der Reihe: Heinrich Mehrmann
Umschlagentwurf: Design Team München
Umschlagillustration: Hans de Haëm
Satz: Fotosatz Glücker, Würzburg
Druck: Elsnerdruck, Berlin
Verlagsnummer: 8357
Lektorat: Sybille Terrahe
Herstellung: Peter Papenbrok
ISBN 3-442-08357-5

Inhalt

III. LIEBESBRIEFE

IV. BITT- UND BEWERBUNGSBRIEFE

V. ABLEHNUNGSBRIEFE

VI. DROH- UND BELEIDIGUNGSBRIEFE

VII. ENTSCHULDIGUNGSBRIEFE

VIII. LESERBRIEFE

ZWEITER TEIL: ANSPRACHEN

I. TRAUERANSPRACHEN UND GRABREDEN

II. ERÖFFNUNGS- UND EINWEIHUNGSANSPRACHEN

III. AMTSWECHSEL

VI. PROTESTREDEN

V. ANSPRACHEN ZU JUBILÄEN UND GEDENKFEIERN

VI. ANSPRACHEN BEI PREISVERLEIHUNGEN

VII. ANSPRACHEN IM BETRIEB

VIII. VEREINSANSPRACHEN UND PREDIGTEN

IX. POLITISCHE ANSPRACHEN

Muttersprache, Mutterlaut!
Wie so wonnesam, so traut!

(Max von Schenkendorf)

Vorwort

»Was soll ich sagen?« Dieses ist heute, demoskopischen Erhebungen zufolge, die von den Bundesbürgern aller Generationen meistgestellte Frage an sich selbst. So lege ich mit dieser Mustersammlung von Briefen und Ansprachen nach jahrelangen Vorarbeiten ein hilfreiches Buch vor, dessen Fehlen oft bedauert worden ist und das kein Lese-Buch, sondern ein deutsches Gebrauchs-Buch für alle Kreise darstellt. Meines Wissens wird mit ihm zum erstenmal der Versuch unternommen, einen Brief- und Ansprachensteller auf die Bedürfnisse der heutigen Gegenwart zuzuschneiden – statt nur auf gleichsam zeitlose Gelegenheiten.

Die Sammlung ist, das sei besonders betont, im Hinblick auf die Sprach- und gesellschaftlichen Alltagsverhältnisse der Bundesrepublik Westdeutschland zusammengestellt, kann also in der Ostdeutschen Demokratischen Republik, in Österreich und der Schweiz nur in mehr oder minder vielen Ausnahmefällen verwendet werden. Diese Beschränkung, in der sich nach einem alten Wort erst der Meister zeigt, schien mir notwendig, um Einheitlichkeit, Zielsetzung, Gebrauchsfähigkeit und gegebenen Umfang des Buches zu wahren. Nur durch diese Beschränkung war es möglich, der Sammlung den vollkommenen Nutzwert zu geben, den sie, wie ich glaube, in der vorliegenden Form hat.

So ist kein Anlaß für Brief oder Ansprache, der in der Bundesrepublik auch nur einigermaßen häufig auftritt, von mir ausgelassen worden. Sodann sind alle Briefe und Ansprachen mit den sämtlichen Redewendungen und Bildern ausgestattet, die in der Bundesrepublik bei dem entsprechenden Anlaß üblich sind und darum von den Adressaten und Zuhörern als selbstverständlich erwartet werden. Ich habe zudem besonderen Wert darauf gelegt, die Vorlagen nicht nur auf den Anlaß, sondern auch auf die jeweiligen Lebensverhältnisse und die Ausdrucksweise der von Fall zu Fall in Frage kommenden Schreiber bzw. Redner abzustimmen. Daher rühren die großen Verschiedenheiten in Qualität und Charakter des Stils zwischen den Vorlagen; es wäre aber sinnlos gewesen, beispielsweise einer tätowierten Hamburgerin dieselbe Ausdrucksweise nahezulegen wie einem Volkshochschulleiter oder umgekehrt. Die diesem Buch entnommenen Briefe und Ansprachen sollen ja später immer echt selbstverfaßt wirken – nur dann leistet eine Sammlung wie die vorliegende wirkliche Dienste!

Möge somit allen, die zu ihm greifen, dieses aus dem Wissen um die Schwierigkeit des Schreibens und Redens heraus entstandene Buch eine echte Hilfe bedeuten und beitragen zur Vertiefung und Belebung deutscher Brief- und Ansprachenkultur! Ich kann nicht mehr wünschen, als daß es in diesem Sinne seinen Weg nehme und möglichst vielen meiner Landsleute bald ein unentbehrlicher Helfer sei! Auch zum Verschenken in großer Zahl eignet es sich m. E. vorzüglich.

Denn immer gilt: Je besser der Ausdruck, um so besser der Eindruck! Oder, um es mit dem alten Lieblingssatz des großen Astronomen Kopernikus zu sagen: Alles Kugelige ist rund, alles Kugeligere noch runder, am rundesten aber ist das Kugeligste.

Hamburg,
am Gemütskohlsonntag Herbst 1985

Dr. Felix Rexhausen

ERSTER TEIL
BRIEFE

Warum Briefe schreiben?

Der Mensch ist ein Wesen, dem der andere Mensch nicht gleichgültig ist. Und sagen wir es nur frei heraus: auch nicht gleichgültig sein sollte. Der Ausdruck solchen lebendigen Verhältnisses zum Mitmenschen, zum Nächsten, ist das gesprochene, vor allem aber das geschriebene Wort. Wir halten darum fest: Der Brief ist Wesensausdruck des Menschen, weil und insoweit der Mensch mitmenschlich existiert.

Das lehren uns alle großen Philosophen des Altertums wie der Neuzeit. Vergessen wir aber auch nicht, daß die größte abendländische Religion, die der Welt je geschenkt wurde, und zwar die Religion der Nächstenliebe, das Christentum, ihren Anfang mit Briefen genommen hat: den Briefen der Apostel, besonders des Paulus, die uns ja von unserer Kindheit her alle noch so vertraut im Ohr sind. Schon daran erkennen wir, daß der Brief nichts Nebensächliches ist, sondern hochbedeutsame Wirkungen sein eigen nennen kann.

Sicherlich wird nun mancher Leser einwenden: »Das mag alles sein – aber warum soll ausgerechnet ich Briefe schreiben?« Darauf müssen wir nach dem bereits Gesagten zunächst antworten: »Weil du ein Mensch bist!«, und wir werden einem solchen Leser weiter sagen müssen, daß ein Mensch, der keine Briefe schreibt, ein Kümmerwesen ist. Ein solcher Mensch verarmt – zuerst seelisch, dann auch körperlich und materiell. Bei einer Umfrage, die in einer westdeutschen Großstadt unter den sogenannten »Pennern« oder »Stadtstreichern« veranstaltet wurde, stellte sich heraus, daß von diesen Menschen 92% in den letzten drei Jahren, 79% in den letzten fünf und 68% in den letzten zehn Jahren keinen Brief geschrieben hatten. Spricht das nicht Bände? Wollen auch wir eines Tages zu diesen abgerissenen und bedauernswerten Außenseitern der Gesellschaft gehören? Darauf kann es doch wohl für jeden gesunden Menschen nur eine Antwort geben, nämlich: nein. So wird der leibseelisch geordnete Vollmensch schon fast von allein immer wieder zum Briefpapier greifen; jedenfalls aber wird er sich den – auch von der Bundespost gegebenen – Rat, Briefe zu schreiben, zu Herzen nehmen und ihn nicht glattweg in den Wind schlagen.

Wie sehr das Briefeschreiben uns bereichert, uns in unserer Existenz bestätigt, das erfährt jeder, der es versucht. Selbst wenn es einmal nur ein ganz kurzer Brief ist, drei oder vier, auch fünf Zeilen vielleicht – selbst einen solchen Brief zu schreiben bringt einen seelischen Gewinn, den »die Motten nicht fressen und der Rost nicht verzehrt«, wie es in der Bibel so treffend heißt.

Ein anderer Leser mag nun fragen: »Können Telefongespräche nicht denselben Dienst leisten?« Damit sind wir bei einem Kernproblem moderner Briefkultur, über das gar nicht offen genug gesprochen werden kann. Natürlich, das wollen wir nicht unterschätzen, ist das Telefon eine nützliche Einrichtung; so empfiehlt sich beispielsweise zur Alarmierung des Überfallkommandos der Fernsprechapparat mehr als der Brief, und auch wenn wir eine Bestellung beim Metzger aufgeben wollen, werden wir dem Telefon häufig den Vorzug geben. Immer aber, wenn es darauf ankommt, in Liebe, Trauer und Zorn dem Mitmenschen wirklich zu begegnen, schreiben wir einen Brief.

Unsere Stimme in dem schwarzen Kunststoffgehäuse eines Telefons – das ist nichts als ein artikuliertes Geräusch in einem seelenlosen Apparat. Vor allem aber: dieses Geräusch ist, sowie das Gespräch beendet wurde, gänzlich verklungen. Wie anders doch der Brief! Seine wohlgebauten Sätze können wieder und wieder gelesen werden: Solange das Papier hält und die Schrift nicht verblaßt, tritt aus einem Brief der schreibende Mensch selbst hervor und vor den Empfänger hin, ja, auch vor den, dem der Empfänger den Brief zeigt. Womit ein weiterer Nachteil des Telefons festgehalten wäre: Dort sprechen wir nur in ein Ohr – mit dem Brief aber können wir uns an viele Augen wenden.

Und noch ein letzter Einwand wird jetzt auftauchen, nämlich die Frage: »*Wem* soll ich denn schreiben?« Darauf sei zunächst geantwortet: Nur frisch die Augen auf – wo Menschen sind, da sind auch Briefempfänger; auch die später in diesem Buch folgenden Musterbriefe werden diese Frage noch mit reicher Anregung beantworten. Darüber hinaus aber ist zu sagen: Wir machen täglich sehr vieles mündlich, was wir auch schriftlich machen könnten, so daß unser Gegenüber es »schwarz auf weiß nach Hause tragen« könnte, wie Goethe im Faust sagt.

Der Jüngling flüstert der Dame seines Herzens eine Liebeserklärung ins Ohr – wie gerne hätte sie einen Brief mit diesen Worten, den sie dann nachts einsam im Lampenschein wiederlesen könnte! Wir drücken am Grab unseres Hauswirts seiner Gattin warm die Hand – welch ein Trost wäre ihr ein Brief, der ihr nicht nur weniger Gelenkschmerzen bereiten würde, sondern den sie auch ihren Freundinnen zeigen könnte, die vielleicht wegen schlechten Wetters dem Friedhof ferngeblieben sind. Oder – auch das kommt vor – wir müssen uns gegen jemanden wehren, müssen ihm vielleicht gar eine Kränkung zufügen. Wie unvornehm sind solche lauten Worte in einem Treppenhaus oder erst recht auf der Straße, zumal wenn womöglich unsere Stimme überschnappt oder sich unser Gegenüber gar zu Tätlichkeiten hinreißen läßt. Auch hier ist der Brief nicht nur die feinere Form; er verspricht auch wirksamer zu sein, denn sauber geschriebene Worte der Kränkung machen eben doch einen anderen Eindruck als ein paar mündlich hingeworfene Schimpfworte, die unser Partner zudem auf eine momentane Wallung des Jähzorns zurückführen kann.

Darum schreiben wir Briefe, wann und wo immer es möglich ist. Wer Briefe schreibt, lebt intensiver, ja nur der lebt eigentlich; zugleich aber intensivieren wir damit das menschliche Miteinander, und nur solche Intensivierung kann die Menschheit in jene schönere Zukunft führen, die wir alle ersehnen.

Wie Briefe schreiben?

Die Frage, wie Briefe geschrieben sein sollen, kann hier nur mit einigen allgemeinen Hinweisen beantwortet werden; Einzelheiten finden sich dann später an Ort und Stelle bei den Beispielen.

Erste Regel sollte sein: Ein Brief sei nie länger als möglich, niemals kürzer als nötig. Gegen diese Regel wird oft gesündigt. Entweder werden wichtige Dinge ausgelassen (z. B. die Mitteilung, *warum* uns der Tod des Hauswirts leid tut), oder der Brief wird durch ganz und gar andersartige Bestandteile verlängert (so z. B. ein solcher Beileidsbrief durch wohnungsbaupolitische Betrachtungen). Beides ist falsch.

Als zweite Regel wollen wir uns merken: Der Brief soll lesbar sein. Ein mit grüner Tinte auf ebenso grünes Papier geschriebener Brief verfehlt seinen Zweck genauso wie ein in chinesischen Schriftzeichen abgefaßter Brief an einen Empfänger, der diese Zeichen nicht deuten kann. Wer des Schreibens nicht mächtig ist, bediene sich der Hand eines Dritten; einige aus Niederbayern kommende Briefe, die aus lauter Kreuzchen bestanden, haben mir zwar viel Freude, aber keine Mitteilung mitteilen können. Im übrigen: Gegenüber den Fähigkeiten der menschlichen Hand bleibt die Schreibmaschine stets ein Notbehelf!

Die dritte Regel ist: Wähle die passenden Worte! Das heißt: die Worte sollen erstens zu uns passen, zweitens zu dem Empfänger, drittens zu dem Zweck des Briefes.

Wir sagten schon, daß der Brief als Wesensausdruck angesehen werden muß. So wählen wir die Worte unserem Wesen entsprechend. Ein kleiner Angestellter wird nie schreiben: »Ich stehe auf dem Standpunkt«, denn zu seinem Wesen paßt kein Standpunkt.

Wir achten aber auch auf den Empfänger. Ein Herr z. B., der eine Dame von fülliger Figur liebt, wird sie nicht mit »Mein Rehlein!« anreden.

Schließlich und letztens wählen wir unsere Worte so, daß sie mit dem Zweck unseres Briefes übereinstimmen. Wollen wir unser Beileid zum Tode unseres Chefs formulieren, schreiben wir nicht: »Die ganze Abteilung hat diesem Tag erwartungsvoll entgegengesehen«, sondern wir schreiben statt »erwartungsvoll« »voll Angst und banger Sorge«, und der Brief an ein Mädchen, das wir erobern wollen, sollte frei von Anspielungen auf unsere noch nicht ganz überstandene peinliche Krankheit sein. Es mag gelegentlich mühselig sein, solche Feinheiten zu beachten, doch wird solche Mühe reich belohnt: Der Brief ist schließlich ein gelungenes Abbild unserer Gedanken, Empfindungen und Absichten, kurz: Er ist genau der Brief geworden, den wir schreiben wollten.

Diese »Drei Goldenen Regeln« sind bei jedem Brief zu beherzigen;

auf Einzelheiten wollen wir hier nicht eingehen. Natürlich soll man sich beim Briefeschreiben konzentrieren und vor allem soll man sich eine gute Unterlage und einen festen Tisch besorgen.
Noch ein Wort über Papier und Tinte. Am feinsten wirkt immer weißes Papier; rosa Papier wählt man, zumal als Dame, in Liebesangelegenheiten, blaues Papier für Luftpost und dann, wenn man entweder kein anderes zur Hand hat oder aber den Eindruck einer gewissen Kühle hervorrufen möchte. Für Trauerpost kaufe man Papier mit vorgedruckter schwarzer Umrandung; selbstgemalte schwarze Ränder versehen den Brief zwar mit einer persönlichen Note, wirken aber oft, trotz aller aufgewandten Mühe, leicht inakkurat.
Papier mit dem aufgedruckten eigenen Namen wird neuerdings viel verwendet; das kann, wenn der Name schön ist, gut aussehen, bleibt für anonyme Briefe aber ungeeignet. Herausgerissene Heftseiten und derlei sind für kurze Entschuldigungs- sowie Droh- und Beleidigungsbriefe gut verwendbar, erwecken sonst aber leicht den Eindruck einer gewissen Unaufmerksamkeit gegenüber dem Empfänger.
Damit ist wohl alles gesagt, was wir uns vor unserem Beginnen überlegen müssen. In den nun folgenden Mustern sind in Anrede und Briefschluß die Namen in Klammern gesetzt, um den Benutzer daran zu erinnern, daß er überall in dem Brief die für ihn in Frage kommenden Namen einsetzen muß.

I. Glückwunschbriefe

Im Glückwunschbrief nehmen wir teil am Glück einer anderen Person, das bedeutet: Der Glückwunschbrief drückt auf glückliche Art Empfindungen aus. Wir versetzen uns in die glückliche Lage des anderen und teilen ihm mit, wie sehr wir uns mit ihm freuen: Manchmal wird auch der Neid seinen Eindruck auf den Empfänger nicht verfehlen.

Beispiel 1
Gelegentlich verlangt die innere Sicherheit unserer Bundesrepublik, daß dieser oder jener unserer Bekannten in Untersuchungshaft kommt. Welch ein Freudentag, wenn er dann nach einigen Vierteljahren als unschuldig entlassen wird! Mit einem Brief reihen wir uns unter die Gratulanten:

ENTLASSUNG AUS DER UNTERSUCHUNGSHAFT

Sehr geehrter Herr (Lange)!
Nun hat es sich also herausgestellt, woran ich im Grunde nie gezweifelt habe, nämlich Ihre vollkommene Unschuld. Meine Freude darüber ist um so größer, als ich ja selbst einmal Zeitungen aus der DDR bei Ihnen liegen sah und seither immer wieder für Ihre Position gefürchtet habe.
Wie schön, daß nun ein für allemal festgestellt wurde, daß Sie treu zu unserem Westen stehen. Ich habe auch nie verstanden, daß ausgerechnet ein gutsituierter Vertreter wie Sie mit den Feinden der Freiheit gemeinsame Sache gemacht haben könnte. Ich habe mir dann immer wieder selbst all die Fälle ins Gedächtnis rufen müssen, wo man es auch nicht geglaubt hätte.

Nun sich einwandfrei erwiesen hat, daß unsere Sache auch die Ihre ist, werden Sie die letzten Monate gewiß als ein Opfer betrachten, das Sie zum Nutzen des größeren Ganzen gebracht haben, und Sie selbst werden sicher am glücklichsten sein, daß sich die Dinge nun schließlich so positiv entwickelt haben.
Meine Frau und ich hoffen, Sie demnächst, wenn Sie Ihr Geschäft wieder in Gang gebracht haben, einmal bei uns zu sehen. Wir würden uns freuen, dann auch Ihre Gattin begrüßen zu dürfen, die wir leider in der letzten Zeit etwas aus den Augen verloren hatten.
Bis dahin alles Gute!

Ihr (Walter Fleischer)

Beispiel 2
Jeder Vorgesetzte kann einmal in die Lage kommen, innerhalb des Betriebes einen Glückwunschbrief schreiben zu müssen. Einer solchen Pflicht wird er sich in zurückhaltendem, doch stets zu froher Mitarbeit aufmunterndem Tonfall gern entledigen:

EIN UNTERGEBENER HAT EINE ERFINDUNG GEMACHT

Lieber Herr (Meier) (oft auch nur: Lieber Meier)!
Unsere Firma hat mich beauftragt, Ihnen zu der von Ihnen angeregten Verbesserung unseres Non-Stop-Ösenöldruckmaximierers Anerkennung und Glückwünsche auszusprechen. Ich tue das hiermit und füge dem Dank der Firma meinen persönlichen Glückwunsch an. Mir ist schon vor einiger Zeit gemeldet worden, daß

Sie Ihre Arbeit mit Fleiß und Interesse tun, und ich habe mich darüber besonders gefreut, weil Sie – was Sie sicher nicht wissen – seinerzeit nur durch meinen Einfluß gehalten wurden, als wir die Abteilung KM 13 verkleinerten. So fühle ich mich durch Ihren prämiierten Verbesserungsvorschlag auf das Angenehmste bestätigt.

Ich hoffe, Sie machen sich von der Prämie zusammen mit Ihrer Frau einen guten Tag im Grünen! Und dann: Weiter so!

(Hugo Müller), Direktor

Beispiel 3

Immer wieder werden uns Geburten, Verlobungen und Hochzeiten in dem Kreis unserer Verwandtschaft und Bekanntschaft zu Glückwunschbriefen anregen. Da kann es gerade bei Hochzeiten einmal vorkommen, daß wir gewisse Zweifel an der Richtigkeit der getroffenen Wahl haben. Da aber unser Glückwunsch erst am Hochzeitstage eintrifft und wir somit die Entscheidung des uns nahestehenden jungen Menschen nicht mehr beeinflussen können, werden wir solche Zweifel in unserem Brief mit Charme und Takt überspielen, ohne daß wir deswegen unehrlich zu sein brauchen.

UNSER ENKEL HEIRATET EINE JÜDIN

Lieber (Günter)!
Nun ist also der große Tag herangekommen, an dem Du die Auserwählte Deines Herzens, Deine liebe Hanna Silberstein, heiraten wirst. Glaube Deiner alten Großmutter, daß sie Eurem jungen Glück Gottes reichsten Segen auf allen Euren Wegen wünscht! Diesem Wunsch schließt sich natürlich auch Großvater an.

Und noch eines möchten wir Dir sagen, nämlich, daß wir Hanna ohne alle Vorurteile in den Schoß der Familie aufnehmen, worin wir uns auch mit Deinen lieben Eltern einig wissen. Gewiß, das wollen wir nicht verhehlen, hat Deine Wahl uns alle zunächst etwas befremdet – und zwar allein deswegen, weil schon Hannas Eltern im Ausland aufgewachsen und geblieben sind und so auch Hanna ihre ganze Jugend im Ausland verbracht hat, so daß sie sich in den deutschen Verhältnissen noch schwer zurechtfinden wird. Aber daß ihr Großvater nicht gleich 1945 hierher zurückgekehrt ist und später auch ihre Eltern wohl nie eine rechte Gefühlsbindung an ihre deutsche Heimat hatten, das kann man natürlich Hanna nicht anrechnen; um so mehr hoffen wir, daß sie nun das Land ihres Gatten wirklich lieben und schätzen lernt.

Was die Tatsache angeht, daß Deine Braut wohl wenigstens zu einem Teil jüdischen Blutes ist, so haben wir, das sei noch einmal gesagt, dagegen wirklich keinerlei Einwendungen. Dafür wissen wir schließlich viel zu gut, daß auch Juden wertvolle Menschen sein können. Wie Du vielleicht schon mal gehört hast, hatte Großvater einen jüdischen Klassenkameraden, Samuel Wiener, mit dem er mehr als ein Jahr die gleiche Bank geteilt hat. Mehrere Male ist Großvater zusammen mit einigen anderen Kameraden auch mit ihm ins Schwimmbad gegangen.

Großvater hat dann in späteren Jahren öfter von ihm gesprochen, weil er wohl schon als Schuljunge ein tüchtiger Kaufmann gewesen sein muß. In den 30er Jahren sind sich die beiden auch noch einige Male begegnet, und wahrscheinlich hätten wir Herrn Wiener gern einmal zu uns eingeladen, wenn das nicht durch die Umstände unmöglich gewesen wäre. Nach Kriegsende erfuhren wir, daß ihn in Frankreich, wohin er gezogen war, ein früher Tod ereilt hat. Ich weiß noch, wie Großvater bei dieser Nachricht damals ganz ergriffen sagte: »Da hat ihm dann all seine Schlauheit nichts genützt!« In der Tat, dieser Samuel Wiener muß ein hochbegabter Mann gewesen sein.

Du wirst verstehen, warum ich Dir das alles so ausführlich schreibe, obwohl es eigentlich nicht in einen Hochzeitsbrief gehört. Aber es ist sicher wichtig für Dich zu wissen, daß wir in dieser Richtung niemals Vorurteile gehabt haben, auch damals nicht, als die Juden in Deutschland noch ziemlich verbreitet waren. Auch mein Bruder, Onkel Theo, sagte neulich, als wir ihm von Deinen Heiratsplänen erzählten: »Man muß immer den Einzelmenschen sehen, und die Juden, das sind doch wenigstens Weiße!«

Sicher ist es für Dich, lieber Günter, eine schöne, bedeutende Aufgabe, Deine junge Frau nun in deutsche Art und deutsches Wesen einzuführen, die ihrem Naturell zunächst gewiß etwas fern liegen werden. Auch ist ja schon jede normale Ehe zu Beginn mancherlei Belastungen ausgesetzt. Doch wenn Deine Braut, wie wir mit Dir hoffen, den festen Willen hat, den sie dazu braucht, so werdet Ihr die Schwierigkeiten gewiß bewältigen, und so manche Eigenheiten, die sich ihrer Natur entsprechend nach und nach bei ihr zeigen werden, wirst Du liebevoll übersehen.

Somit, lieber Günter, alles Gute für Euch! Möge der Himmel Dir diesen Tag segnen und Dich die Kühnheit Deines Entschlusses nicht allzu hart entgelten lassen! Und daß die Kinder, die er Euch schenken wird, Deinen lieben Eltern gleichen mögen, das ist der geheime Herzenswunsch

Deiner Dich liebenden
Großeltern

Beispiel 4
Auch rein materielle Glücksfälle sollten uns Anlaß zu einem Brief sein, um so mehr, wenn sie sich in der näheren Verwandtschaft ereignen und daher auch für uns persönlich von Bedeutung sein können. Wir schreiben herzlich.

DER VATER HAT DEN RENTENBESCHEID

Lieber Vater!
Gertrud und ich sind herzlich froh, daß Dein langer Rentenkampf sein Ende gefunden hat. So weißt Du doch, woran Du bist, und kannst Dir Deinen Lebensabend nun in Ruhe einrichten.
Du schreibst, einen vollen Sieg habest Du bei weitem nicht errungen, und nennst die nun festgesetzte Summe »armselig«. Sicher, überwältigend ist der Betrag nicht, und ich bin mit Dir der Ansicht, daß die Behörden sich angesichts Deiner Leistungen ausgesprochen kleinlich verhalten haben. Andererseits hast Du ja eine ziemlich billige Wohnung, und auch die übrigen Ausgaben des täglichen Lebens sind für Dich als Alleinstehenden ja glücklicherweise gering. Wenn Du wüßtest, was Gertrud und ich jeden Monat für ein Geld

ausgeben, um uns und die beiden Kinder einigermaßen anständig durchzubringen, würdest Du blaß werden. Das ist auch einer der Gründe, warum ich Dich noch immer nicht besucht habe: Ich kann es es mir einfach nicht leisten, meine Arbeit drei Tage liegen zu lassen. Du weißt ja selbst: Zeit ist Geld, und seit wir angefangen haben, die Veranda umbauen zu lassen, trudeln die Rechnungen fast täglich ein.
Aus meinem kurzen Glückwunsch ist ein langer Brief geworden. Jetzt aber Schluß, denn Gertrud und ich müssen noch aus dem Haus. Sie und die Kinder lassen schön grüßen.

Viele Grüße
Dein (Karl)

PS. Tu etwas für Dein Herz! Deine Nachrichten darüber haben uns beunruhigt!

[Bei dieser Gelegenheit sei angemerkt, daß eine Nachschrift (lateinisch: Postscriptum) eine gute Möglichkeit ist, etwas besonders hervorzuheben, das sich in den Gang des Briefes nur schwer eingefügt hätte.]

Beispiel 5
In Kraftfahrzeugunfälle verwickelt zu werden, das kann jedem Verkehrsteilnehmer passieren, und nicht selten kommt es zu einer gerichtlichen Verurteilung deswegen. Können deren unerfreuliche Folgen für den Betreffenden in Grenzen gehalten werden, so ist ein Glückwunsch selbstverständlich.

EIN POLITIKER WIRD NICHT FALLENGELASSEN

Lieber Herr (Treuschel)!
Mit großem Interesse habe ich während der letzten Wochen in den Zeitungen verfolgt, wie aus Ihrem Mißgeschick nach und nach ein Weg »durch Nacht zum Licht« geworden ist, wenn ich einmal

etwas übertreiben darf. Denn daß das Gericht sich gezwungen sehen würde, Sie im Hinblick auf die zwei Toten des anderen Wagens irgendwie zu belangen, das war ja leider vorauszusehen. Der Versuch, Ihnen Fahrerflucht zu unterstellen, weil Sie sich beeilten, in der dunklen Nacht Hilfskräfte heranzuholen, erschien mir von Anfang an als ein übler Trick. Unsere Justiz funktioniert, jedenfalls dann und wann, Gott sei Dank!

Ein weniger objektives Gericht – auch so was gibt es leider! – hätte sich vermutlich festgebissen an Ihrer eidlichen Versicherung und hätte nicht eingesehen, daß der Schock einerseits und die paar Schnäpschen andererseits Ihnen einen Sachverhalt als wahr erscheinen ließen, dem allerlei sogenannte »Fakten« widersprachen. Dieses Gericht aber interpretierte Ihre Versicherung richtig und schob sie unter die Akten, bravo!

Leider ist die Angelegenheit noch teuer genug für Sie geworden – aber was mehr wiegt, ist ja doch das uneingeschränkte Vertrauen Ihrer Partei zu Ihnen, die eben einfach weiß, was sie Ihnen zu danken und überhaupt an Ihrer Persönlichkeit hat! Wenn ich mir

vorstelle, welche Katastrophe so eine Angelegenheit für weniger anerkannt tüchtige profilierte Leute oft bedeutet, finde ich Ihre jetzige Situation relativ glänzend und als solche vollauf gerechtfertigt.

Denn natürlich hatte auch ich schon gefürchtet, Sie müßten sich auf Jahre aus dem öffentlichen Leben zurückziehen und vielleicht gar von Ihren Ersparnissen leben. Wie freute ich mich für Sie, als ich nun der Presse entnehmen konnte, daß ich einfach zu eng und

kleinlich gedacht und überhaupt keine Vorstellung davon hatte, welcher natürliche Seelenadel die menschlichen Beziehungen in Ihrer Partei bestimmt, zumal gegenüber einem Mann mit Ihren Kenntnissen der Partei-Interna, mit Ihren Fähigkeiten!
Daß Sie den alten Posten fürs erste nicht wieder würden einnehmen können, das war von vornherein einsichtig. Doch wahrscheinlich ist Ihnen der Wechsel zum Generalpräsidenten der parteinahen Stiftungsförderungs- und Projektplanverwaltungsgesellschaft sogar auch nicht ganz unlieb. Denn die streßmäßige Beanspruchung wird sich dort nun in einem halbwegs normalen Rahmen halten lassen, während die finanziellen Bedingungen einen Zuschnitt haben, der einem Mann wie Ihnen endlich das Aufatmen ermöglicht.
Der langen Rede kurzer Sinn: Ich beglückwünsche Sie!

Herzlichst Ihr
(Udo Stracke)

Beispiel 6
Im Ganzen gilt die Regel, daß wir die Gelegenheit für Glückwünsche mit empfindsamem Takt erspüren müssen. Als letztes Beispiel sei daher das Muster eines Briefes angefügt, der zwar von der Empfängerin wahrscheinlich nicht erwartet wurde, ihr aber sicher um so mehr Freude bereitet hat.

EIN DACKEL IST GENESEN

Liebe Frau (Brandow)!
Sie glauben gar nicht, was mir für ein Stein vom Herzen gefallen ist, als ich erfuhr, daß Ihr lieber guter Johnny nach seiner Erkältung wieder auf den Beinen ist! Sie hatten mir schon so leid getan –, die treue Seele eines solchen Tieres ist ja unersetzlich!
Denn er ist ja nun einmal Ihr bester Freund, und ich glaube, einen besseren könnte es auch gar nicht geben. Mir gibt meine Sissi ja auch so viel Freude! Hunde sind wohl von Gott mit einer Treue erschaffen worden, an der es beim Menschen doch leider nur allzuoft fehlt. Ich sage immer: Die Treue eines Tieres kann einen über

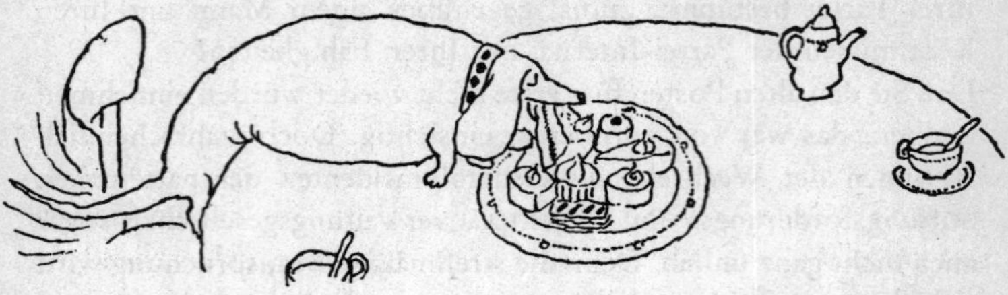

die Untreuheit der Menschen hinwegtrösten, so unvergleichbar ist das. Ich habe in meinem Leben wirklich viele Menschen kennengelernt, die sich von Ihrem Johnny oder meiner Sissi eine Scheibe hätten abschneiden können in charakterlicher Hinsicht. Es ist ja traurig, daß man das sagen muß, aber es ist so.
Ein besonders beschämendes Beispiel dafür lieferte in den letzten Tagen meine Hauswirtin, mit der ich früher ganz gut auskam. Allerdings hat mich die Affenliebe dieser Frau zu ihrem ganz unausstehlichen Scotch-Terrier immer gestört, das muß ich wohl sagen. Sehen wir uns nächste Woche im Café Schlebach? Dann bringen Sie Johnny doch mit! Bei seinem netten, reizenden Charakter wäre das eine wundervolle Bereicherung für uns alle. Vielleicht hat er sich sogar das Lecken abgewöhnt, was ja eine rechte Unart war; ich bin froh, daß so was bei meiner Sissi nie vorgekommen ist. Und denken Sie an die Vitamine!
Nun möchte ich mit allen guten Wünschen für Sie, Ihre Familie und vor allem für Johnny schließen und grüße Sie herzlichst

Ihre (Annemie Loeschink)

II. Beileidsbriefe

Es gibt wenig Dinge, die unsere Feder so rasch und mit solch wirklicher Anteilnahme in Bewegung setzen bzw. in Bewegung setzen sollten wie der Tod eines uns irgendwie nahestehenden Menschen. Der Tod eines Mitmenschen ist immer ein Erlebnis, das nicht spurlos an uns vorübergehen darf. Zudem haben die jeweiligen Hinterbliebenen ein Recht auf unsere schriftlich ausgedrückte Teilnahme; schließlich erwarten auch wir selbst bei entsprechender Gelegenheit Post, die uns noch einmal klarmacht, wie sehr der Verstorbene geschätzt wurde.
Unser Brief soll der Würde und dem Ernst des Anlasses angemessen sein, und dem Schmerz der Hinterbliebenen mit lebhaftem Gefühl und tröstendem Verständnis entgegenkommen.

Beispiel 1
Immer wieder kommt es vor, daß der Tod einem Arzt den Patienten raubt. Der Arzt schreibt:

ZUM TOD EINES PATIENTEN

Sehr verehrte gnädige Frau,
gestatten Sie mir, Ihnen zu dem Ableben Ihres Gatten mein tiefes Beileid auszudrücken. Ich ahne, was Sie verloren haben, denn im Laufe der letzten Jahre habe ich Herrn Steinhagen ja wirklich gut kennenlernen können.
Ich war seit langem in großer Sorge um ihn, die ich selbst Ihnen verheimlicht habe. Die Operation, zu der nun Professor Hofmann so dringend geraten hat, wurde von mir aus gutem Grunde immer wieder verschoben, denn ich kannte das Allgemeinbefinden Ihres Gatten nur allzu gut. Freilich hatte auch ich mich gerade entschlos-

sen, die Operation – wenn auch nach der von Professor Hofmann weniger geschätzten Heidelberger Methode – innerhalb der nächsten 4 Wochen vorzunehmen.
Es ist aber gewiß, verehrte Frau Steinhagen, daß Ihr Gatte in jedem Falle nach der Operation das Leben wohl nur noch als Last empfunden hätte, denn er wäre in einem Maße hilfsbedürftig gewesen, das

diesen so aktiven Mann seelisch hätte verkümmern lassen. Schon in den letzten Monaten war dies ja zunehmend der Fall, und daß unsere Alpha-Delta-Kur mit den Igelgärtnerschen Spritzen ihm – bei vollständiger Linderung der anderen Beschwerden – das Augenlicht raubte, hat ihm doch einen ernsten Schock versetzt. Nach der Stillegung des rechten Beins zeigte er fast etwas wie Verbitterung, was mir bei Ihrem Gatten, der der geduldigste Patient war, den ich je hatte, ein bedenkliches Zeichen zu sein schien.
Doch sein prachtvolles Temperament fing sich wieder – bis eben jene Verschlechterung eintrat, die die Operation geraten scheinen ließ. Daß die amerikanischen XYX-Tabletten so ernste Funktionsstörungen der Schilddrüse hervorrufen würden, war freilich nicht vorauszusehen; sie haben sich in ähnlichen Fällen – wenn auch ohne die gleichzeitige tägliche Bios-Bios-Dosis – vielfach bewährt. Die Bios-Bios-Dosis jedoch war notwendig, solange wir annehmen mußten, daß der Kern des Übels in der Hypophyse und in jahrelanger allzu einseitiger Ernährung lag.
Ihr tapferer Gatte, für den der Tod wahrhaft eine Erlösung bedeutete, hat seine Leiden getragen wie ein Mann, und glauben Sie mir:

Das kann man heute nur noch von wenigen sagen. Seine Charakterstärke und Redlichkeit, dazu sein religiöser Sinn haben ihn mir für alle Zeit unvergeßlich werden lassen, und es war die Liebe zu seiner Familie, die ihn all dies und auch die notwendigerweise hohen materiellen Belastungen, die sich aus der Krankheit ergaben, so starkmütig auf sich nehmen ließ.
Möge Gottes Güte und Weisheit, die Ihnen Ihren Gatten genommen hat, Ihnen helfen, den schweren Verlust zu ertragen.

In treuer Verbundenheit
Ihr Dr. med. (Hans-Walter Bachmann)

Beispiel 2
Besonderen Takt erfordern Beileidsbriefe in Selbstmordfällen. Wissen die Hinterbliebenen, daß uns die Tatsache des Selbstmords oder auch die Umstände, die zu dem Freitod führten, bekannt sein müssen, so wäre es unhöflich, wenn wir in unserem Beileidsbrief all dessen keiner Erwähnung täten.

ZUM SELBSTMORD EINES HOMOSEXUELLEN

Sehr verehrter, lieber Herr (Hufnagel),
mit großer Erschütterung habe ich von dem Tod Ihres Sohnes Eberhard erfahren, und ich fühle, wie tief Sie und Ihre Gattin, nachdem Sie sich fast dreißig Jahre um den jungen Menschen gemüht und gesorgt haben, dieser Tod treffen muß.
Durch Ihr Vertrauen gehörte ich zu den – hoffentlich – wenigen, denen einiges über Eberhards Umgang bekannt war. Es wird mir immer unverständlich bleiben, wie dieser doch so von Herzen anständige und zudem mit natürlicher Klugheit ausgestattete junge Mensch, erzogen in der gesicherten Atmosphäre eines vollkommenen Elternhauses, wie dieser junge Mensch in solche Kreise geraten konnte.
Wohl weiß ich, auch aus eigener Erfahrung, daß man in einem gewissen Alter über die Stränge schlägt und auf bestimmten Gebie-

ten sich in einer Weise auszuleben trachtet, an die man sich später nur ungern erinnert. Aber wie kann es kommen, daß jemand, der charakterlich so stabil und der ein so solider Arbeiter ist wie Eberhard, sich über die Grenzen des Natürlichen und Naturgemäßen hinaustreiben läßt und, vor dem Ekelhaftesten nicht zurückschrekkend, in Laster und Untergang hineinsteuert? Ist er der heutzutage in allen Medien erfolgenden Werbung für diese Widernatürlichkeit erlegen?

Diese Fragen stellten auch Sie sich, wie Sie mir einmal sagten, seit jenem Tage, da Sie von dieser unseligen Haltlosigkeit Eberhards erfuhren, und, was mehr ist: Sie haben sie ihm selbst viele Male gestellt. Das wenigstens, lieber Herr Hufnagel, können Sie sich in diesen unglücklichen Tagen sagen: daß Sie nichts unversucht gelassen haben, Ihren Sohn von seinem Treiben abzubringen. Es war mir mit Ihnen schmerzlich zu hören, wie er Ihre Warnungen, Ihre Bitten, ja Ihre Drohungen gleichermaßen in den Wind schlug und wie er selbst auf Ihre liebevollen Bemühungen, ihm eine gute Lebensgefährtin zu besorgen, so reagierte, als seien Sie nicht sein Vater, sondern ein aufdringlicher gewerbsmäßiger Heiratsvermittler. Ihr Gram schien ihm sowenig zu bedeuten wie der Spott, dem er, wie ich vor einiger Zeit erfuhr, von mancher Seite her ausgesetzt war.

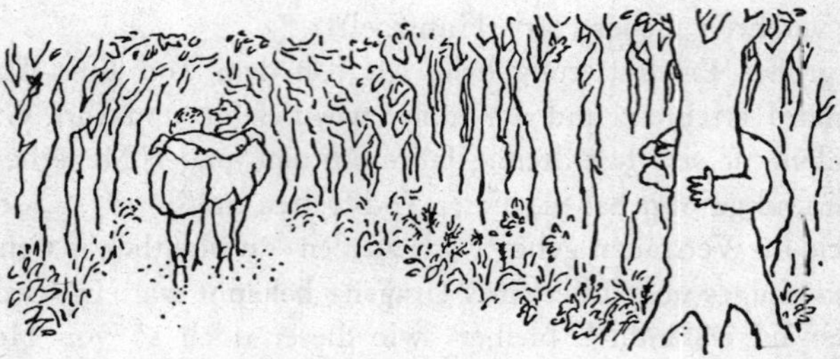

Und doch, so glaube ich fest, hat ihn schließlich die Scham gepackt. In diesem Augenblick hätte noch alles gut werden können, denn es war der Augenblick, da der sittliche Ernst der großartigen Erziehung, die er von seinen Eltern erfahren hatte, in ihm durchschlug

und Ihre Vorstellungen und Warnungen in ihm Frucht trugen. Dieser Gedanke sollte Ihnen und Ihrer Gattin heute ein Trost sein.
Ich bin sicher, in diesem Augenblick suchte Eberhard einen neuen Anfang. Aber er hatte sich in sein verfehltes Leben schon so tief verstrickt, daß er selbst nicht an einen solchen Anfang glaubte.
Wer kann wagen, ihm da zu widersprechen? Und so mag es sein, daß dieser Entschluß, daß der Freitod am Ende doch das beste für ihn war, nachdem es für den Konflikt zwischen seinem eigenen sittlichen Ich und seiner naturwidrigen Haltlosigkeit eine andere Lösung vielleicht nicht mehr gab und die natürliche tödliche Krankheit AIDS ihm nicht vergönnt war.
Dies mag Ihnen und Ihrer Gattin eine Hilfe sein, über den furchtbaren Schicksalsschlag hinwegzukommen. Vor allem aber hoffe ich, daß die Freude, die Sie an Ihren beiden Kindern haben und haben werden, den Kummer aufwiegen wird, den Sie so lange, bis zu diesem Schmerzenstage hin, mit Ihrem Ältesten gehabt haben.

In bewegter Anteilnahme
Ihr (Werner Steinschmidt)

Beispiel 3
Ganz anders werden wir schreiben, wenn der Verstorbene im Zusammenhang mit einer heldischen Tat zu Tode gekommen ist.

ZUM ABSTURZ EINES BERGSTEIGERS

Sehr geehrte Frau (Stieglmoser),
eben lese ich, daß Ihr Mann, unser Freund Peter, in der Müelmer Schach am Hohen Kletz den Bergtod gefunden hat – nicht weit vom Nordspackel der Raxener Bluchte, wo er vor einigen Jahren einen seiner schönsten Siege errungen und als erster die deutsche Flagge in das firne Haupt dieses als unbezwingbar geltenden Gletscherriesen gesenkt hat.
So hat denn die ewige Majestät der Berge, der er sein kühnes – doch niemals tollkühnes – Leben geweiht hatte, ihn zu sich geholt in das zeitlose Schweigen der Höhe.

Für Sie, aber auch für uns ist dieser Verlust unersetzlich – war Peter Stieglmoser doch einer unserer besten und treuesten Kameraden. So ist mir unvergeßlich, wie er, schon hoch in der Schialkener Amenswand hängend, noch einmal herunterkam auf die Gluxkrasner Brandalm, weil sein Bergkamerad, ein Engländer, dort oben nach einer heißen Tasse Tee verlangte, als es Nachmittag wurde. Ja, so war Peter Stieglmoser – ein hilfsbereiter Mensch im Alltag, ein aufopferungsvoller Gefährte an Seil, Haken, Klamm und Zinne.

Ich weiß, daß Sie oft um ihn gebangt haben – ich weiß aber auch, daß immer wieder unbändiger Stolz Ihr Herz erfüllte, ja zu sprengen drohte, wenn Peter die rauhe Natur wieder einmal bezwungen und seinen siegreichen Pickel hoch in den unendlich blauen Himmel gereckt hatte, ein Mensch, allein mit seiner Kraft und der gleißenden Allgewalt der um ihn sich breitenden Gletscherwelt.
Er war ein Held, der sich das Letzte abverlangt hat – um der Ehre willen, um seines Vaterlandes willen und um des göttlichen Auftrags willen, den er als einen ganz persönlichen auffaßte: sich die Erde untertan zu machen. Peter Stieglmoser unterwarf sich die Gipfel, nicht achtend der Kranden und Schlüfte und Pscholten und Knurten – von der Pinkelner Satansjache bis zum Gnegelshorn des Großstumpferers.
Sein Tod ist allen seinen Kameraden Verpflichtung, zu steigen und zu sterben wie er, unter dem namenlos stolzen Antlitz unserer geliebten Berge.
In diesem Sinne grüße ich Sie, die Sie das Glück hatten, seine Frau zu sein,

mit herzlichem Bergsteigergruß!
Ihr (Heinrich Kniepsteden, Studienrat)

Beispiel 4
Daß ein Beileidsbrief auch eine sehr heikle Aufgabe sein kann, die wir dennoch lösen müssen, möge das folgende Beispiel zeigen.

ZUM TOD EINES ALTEN KOMMUNISTEN

Sehr geehrter Herr (Pelka)!
Die Nachricht vom Tod Ihres Vaters, die Sie mir freundlicherweise sandten, kam mir vollkommen überraschend. Ich hatte gerade Ihren Vater immer für außerordentlich rüstig gehalten und hatte eigentlich den Eindruck, daß er angesichts seines Alters eine oft erstaunliche Aktivität entwickelte. Doch vielleicht habe ich mich da getäuscht. Jedenfalls glaubte ich, daß er kaum die Siebzig überschritten hätte, und er ist fast achtzig geworden.

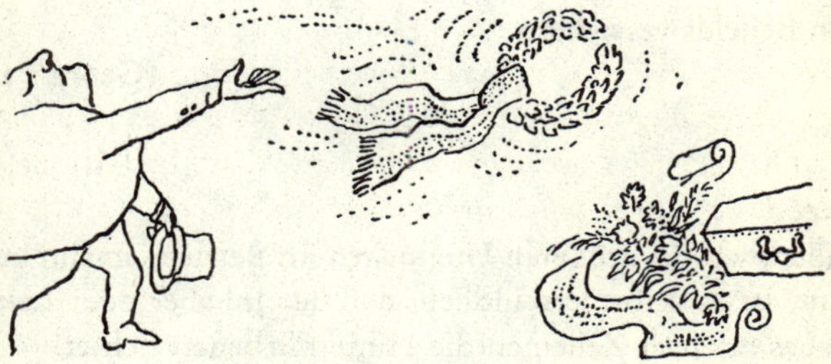

Als ich ihn zuletzt sprach, was nun auch schon wieder einige Jahre her ist, schien er mir fast weise geworden zu sein. Jedenfalls war er in seinen politischen Ansichten, die für ihn ja geradezu ein Charakteristikum waren, nicht mehr so entschieden radikal wie früher, schien mir, obschon er sich im wesentlichen natürlich doch in seinen Irrtümern festgebissen hatte. Nun, im Alter werden wir wohl alle weniger wandlungsfähig.
Gerade an diesem ernsten Tage aber möchte ich Ihnen doch eines sagen: daß ich Ihrem Vater seine Gesinnung niemals, weder direkt noch indirekt, zum Vorwurf gemacht habe. Ich habe im Gegenteil

immer an den guten Kern seines fast altdeutsch geprägten Charakters geglaubt und vermute, wenn er in seiner Jugend andere Möglichkeiten der Erziehung und Bildung gehabt hätte, wäre er dieser menschen- und staatsfeindlichen Lehre niemals anheimgefallen. Ich glaube wirklich, daß es Stunden gegeben hat, in denen er, trotz seines offiziellen »Atheismus«, das Gute und Beste wollte. Er war, in seiner Art, einfach rührend naiv.
Eine lange Kette unglückseliger Umstände hat ihn das Leben führen lassen, das er tatsächlich geführt hat, und in dem er schließlich vereinsamt ist, weil er sich dem Unheil verschrieben hatte. Ich rechne es aber unserem Staat hoch an, daß er so viel – in diesem Fall wohl angebrachte – Toleranz bewiesen und Ihren Vater nicht aufs neue inhaftiert hat, nachdem er einst lebend aus dem Konzentrationslager herausgekommen war (wobei ich mich oft gefragt habe, wie er es wohl fertiggebracht hat, die acht Jahre dort zu überleben).
Für Sie war er natürlich vor allem der Vater, der Großvater Ihrer Kinder. In diesem Sinne möchte ich Sie und Ihre Familie meines echten Beileids versichern.

(Georg Paffrath)

Beispiel 5
In Fällen, wo bei größeren Unglücken im Betrieb jemand zu Tode kommt, ist es selbstverständlich, daß der Inhaber oder Leiter des Betriebes ein paar Zeilen an die Hinterbliebenen richtet.

ZUM TOD EINES UNTERGEBENEN BEI EINEM BETRIEBSUNFALL

Sehr verehrte Frau (Achtermann)!
Zu dem für uns alle so schmerzlichen Ableben Ihres Mannes, des Spezialgefräsewerkers Hans Achtermann, möchte ich Ihnen meine herzliche Anteilnahme zum Ausdruck bringen. Herr Achtermann hat elf Jahre lang in unserem Betrieb treu und gewissenhaft seine Pflicht getan; daß gerade er dem Explosionsunglück zum Opfer

fallen mußte, ist seinen Kameraden und seinen Vorgesetzten noch immer unfaßbar. Gerade er war es, der vor nicht langer Zeit die Frage der Erneuerungsbedürftigkeit des Rohrs aufwarf, das erst vor relativ kurzer Zeit gelegt worden war, doch, wie die Explosion beweist, offenbar einen Materialfehler gehabt haben muß, der auch bei der demnächst fälligen Inspektion vielleicht nicht entdeckt worden wäre.

Aber nun hat diese Explosion, die uns einen in die Millionen gehenden Schaden verursacht hat, Hans Achtermann und fünf seiner Kameraden allzu früh dahingerafft. Die sechs Männer sind dort gestorben, wo sie jahrelang ihre Pflicht getan haben, ihre Pflicht für den Betrieb, für unsere Wirtschaft, ja letzten Endes für das größere Ganze: an ihrem Arbeitsplatz. Darin scheint mir, so unerforschlich die Ratschlüsse des Schicksals auch sind, ein tiefer Sinn zu liegen.
Unsere Firma wird sich nun bemühen, Ihnen nach diesem schweren Verlust die größtmögliche Unterstützung zukommen zu lassen, besonders auch im Hinblick auf Ihre drei Kinder. Da Ihr Mann noch keine 12 Jahre bei uns war, werden wir versuchen, eine Sonderregelung zu finden; bitte, wenden Sie sich dieserhalb in den nächsten Tagen an das Lohn- und Pensionsbüro.
Wir werden das Andenken Ihres Mannes in Ehren halten. Hans Achtermann war ein wertvoller Mitarbeiter, auf den die La-Neu-GmbH stolz ist und der nicht leicht zu ersetzen sein wird. Ich verneige mich vor Ihrem Schmerz und bin in tief empfundener Anteilnahme

Ihr (Hans-Herbert Neunzig)

Beispiel 6
Eine der schrecklichsten und erschütterndsten Todesarten ist der Tod durch Ermordung, besonders bei öffentlich bekannten Persönlichkeiten. Unser Brief ist entsprechend.

ZUR ERMORDUNG EINER FILMSCHAUSPIELERIN

Sehr geehrter Herr (Fresco) –
Silla Bingels nicht mehr unter uns! Silla Bingels tot! Ermordet! Fassungslos stehen wir vor dieser Nachricht. Ich schreibe an Sie, weil ich weiß, daß auch nach der Scheidung Sie ihr besonders nahegestanden haben, und vielleicht gar hätte sich Ihr Bund irgendwann noch einmal neu geknüpft.
Silla Bingels! Dieses blutjunge Geschöpf, ermordet wegen ihrer starken Zähne! Und sie war eine so große Hoffnung des deutschen Films, eine Begabung, die wir so bitter notwendig brauchten!
Wie sie begann, als Zofe in »Die Königin reitet« – schon das war, so kurz die Szene in der Schlußfassung auch kam, packend und substantiiert. Von da bis zu der großartigen Nonne in »Die heilige Kaschemme« war nur ein Schritt – aber was für ein Schritt, und wie ging Silla ihn!
Was aber wirklich in ihr steckte, in unserer Silla, das zeigte erst ihr letzter Film: »Schwedenhotel Berlin«. Wie sie die Stimmung der geteilten Stadt auffing und die ungebrochene nordische Lebensfreude dagegensetzte, zumal in der Szene mit dem jungen französisch-amerikanischen Maler, das war ganz große Klasse und rettete einfach das Niveau der ganzen Kiste.

Nun war für Silla die Zeit für eine Hauptrolle gekommen, und die Verhandlungen darüber waren ja schon weit gediehen. Statt dessen kam die Pistole des Mörders – eines Mannes, dem sie vertraut hatte bis ins Letzte, ja bis ins Allerletzte. Ein Marokkaner. Wer hätte geahnt, daß sie ihre Heftigkeit in der Liebe einmal so würde bezahlen müssen, und daß ihre glanzvolle Karriere einmal so enden würde, so plötzlich in einem schlichten Hotelzimmer?
Ich sehe noch heute ihr strahlendes Gesicht vor mir, als ich an dem Abend, da sie zur Miß Castrop-Rauxel gewählt worden war, zu ihr sagte: »Und Sie kommen mit mir!« Sie kam, und meine Menschenkenntnis hatte mich nicht getrogen: In Silla steckte mehr als Schönheit, mehr als Begabung, in ihr steckte eine Künstlerin. Sie mußte entwickelt werden, gut – aber wie klappte das von Film zu Film besser!
Bis zu diesem Ende. Sie hätte eine Mischung zwischen Sofia Loren und Liv Ullmann werden können im Lauf der Jahre, der deutsche Film hätte versucht, sie zu halten – nichts von alledem hat sollen sein! Tot! Ermordet! Silla, »Sillchen«, wie wir sie oft nannten, stumm für immer! Und so gern hätten wir alle sie in der geplanten Verfilmung des Rilkeschen »Cornett« gesehen, wo sie die zwischen lesbischer und natürlicher Liebe hin und her gerissene Jungfer der Schwester des Cornett spielen sollte! Über die Kostüme für die beiden Verführungsszenen konnte Sillchen Stunde um Stunde sprechen – sie ging in ihrer Kunst auf.
Vorbei. Unser Film ärmer, wir alle eines bezaubernden Mädchens, einer blutvollen Frau, einer talentvollen Kameradin beraubt – durch die Hand eines Mörders, den, wenn unsere Polizei ihn hat, noch nicht einmal die Todesstrafe erwartet. Seien Sie versichert: Wir fühlen mit Ihnen.
In lebhafter Bewegung und Trauer

Ihr (Herbert Maria Schorlakowski-Müller)

III. Liebesbriefe

Selbst Leute, die sonst gar keine Briefe schreiben, greifen einmal im Leben bestimmt zur Feder, dann nämlich, wenn die Liebe ihr Herz bewegt. Es ist wohl nicht übertrieben festzustellen, daß die Liebesbriefe den größten Teil dessen ausmachen, was die Bundespost an privater Korrespondenz überhaupt zu bewältigen hat. Der Liebesbrief ist einfach der Inbegriff des Privatbriefes und, vor allem: Er schreibt sich fast von selbst. Denn wenn das Herz voll ist, macht das Schreiben kaum Schwierigkeiten.

Beispiel 1
Unsere wenigen Muster hier wollen nur Wege andeuten. Zu Beginn bringen wir ein Beispiel für einen etwas problematischeren Brief, der ohne Hilfe jedenfalls nur schwer zu schreiben wäre.

EIN LEHRER SCHREIBT ZWECKS VERFÜHRUNG EINER (EINES) MINDERJÄHRIGEN

Meine liebe (Jutta) (mein lieber Heinz)!
Du hast Dich gewiß sehr gewundert, als ich Dir diesen Brief gegeben habe, doch möchte ich Dir einige Dinge sagen, die ich vor der ganzen Klasse nur schwer aussprechen könnte.
Mit großem Interesse habe ich, seit ich Eure Klasse vor zehn Monaten übernommen habe, Deine Entwicklung verfolgt. Mir scheint, daß Du in Deiner ganzen Art eine Reife zeigst, wie sie den anderen in Deiner Klasse vollkommen abgeht. Vielleicht haben die Schwierigkeiten, die Du in Deinem Elternhause wohl hast, dazu beigetragen, daß Du den anderen in dieser Weise voraus bist.
Du solltest aber Deinen Eltern nicht allzu gram sein. Es gibt viele Eltern, die ihre Kinder nicht mehr verstehen, wenn sie heranwach-

sen. Aber gerade Du brauchst wohl jemanden, der Deine musischen Anlagen begreift und besonders Dein Interesse für die Kunst des Impressionismus ernst nimmt. Auch Deine eigenen Zeichnungen sind ja von impressionistischer Art, und ich glaube, da verdientest Du jede Förderung.

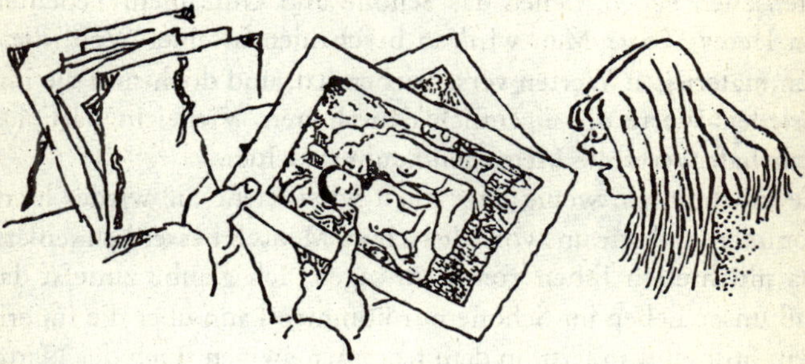

Ich möchte Dir ganz offen sagen: Es schmerzt mich, zu sehen, wie Du sowohl in der Klasse als auch zu Hause etwas isoliert bist. Vielleicht hast Du Lust, am Samstag gegen 5 Uhr einmal zu mir zu kommen. Meine alte Mutter ist verreist, und so haben wir die ganze Wohnung für uns, um ungestört ein wenig zu plaudern, meine Impressionisten-Drucke anzuschauen und einige Platten zu hören. Ob Du Deinen Eltern sagen willst, daß Du zu mir gehst, mußt Du selbst entscheiden; ich fürchte aber, sie würden es kaum verstehen. Es würde mich jedenfalls freuen, Dich einmal außerhalb der Schulstunden zu sehen.

Mit einem schönen Gruß
Dein (Werner Buschow)

Beispiel 2 und 3

Die folgenden beiden Beispiele mögen Fingerzeige geben für Briefe, in denen man einer Person, die man liebt, gern das eigene Wesen vorstellen und erklären möchte. Zugleich steht jeder dieser Briefe für einen erfolgreichen Weg, einem geliebten Herzen näherzukommen.

DER »ICH-LIEBE-BACH«-BRIEF

Lieber Herr (Dahlen)!
Ihr Brief hat mich tief angerührt. Schon die erste Begegnung mit Ihnen neulich bei dem bewegenden Vortragsabend der Natur- und Musikfreunde war mir ein rechter Gewinn. Sollte es doch noch Menschen geben, denen das Schöne und Gute mehr bedeutet als ein leeres Wort? Man wird so bescheiden in einer Welt, die sich den materiellen Werten verschrieben hat, und doch sind die immateriellen Werte die eigentlich dauerhaften. Vielleicht darum sind wahrhaft wertvolle Menschen heute so selten.

Sie möchten ein wenig über mich wissen, ehe Sie wieder hierherkommen und wir uns von Mensch zu Mensch besser kennenlernen. Da möchte ich Ihnen vor allem sagen: Ich glaube zutiefst daran, daß unser Leben ins Schöne nur kommen kann über die Innerlichkeit. Still zu wandern, in dem frommen ewigen Buch der Natur zu lesen, vielleicht mit einem frohen Lied – das bedeutet mir mehr als alles, was eine sog. Jetztzeit an einen heranträgt. Vielleicht erkennen Sie schon daran meine ganze Weltanschauung, die getragen ist von der Liebe zu allem Edlen und Reinen und allem Lebendigen. Eine Blume, ein Käfer, aber auch ein Stern am nächtlichen Himmel – das sagt mir mehr als alles andere. Darum lehne ich auch Fleischgenuß in jeder Form ab.

Aber undenkbar wäre meine Welt ohne die Musik des Johann Sebastian Bach, des Thomaskantors, dieses stillen Giganten, in dessen Musik Gott selbst zu uns spricht. Bis zum vorigen Jahr, als ich eine Kehlkopfentzündung bekam nach einer längeren Gastspielreise, sang ich selbst mit in unserem Bachchor, dem ich auch jetzt noch treu verbunden bin.

Außerdem leite ich nach wie vor die Frauenriege in unserem Turnerbund, weil ich glaube, daß der Leib sich immer wieder bereiten muß, um seelisch empfangen zu können, um seelisch offen zu sein für die Einflüsse der Natur, der Schönheit und aller jener Stimmen, die uns den rechten Weg durch das Leben weisen wollen. Denn der rechte Weg – darauf kommt es am Ende doch an, nicht wahr? Und diese Einsicht verdanke ich nächst meinen Eltern vor allem den mir so lieben Büchern von Christa Meves, die für mich gedankenmäßig

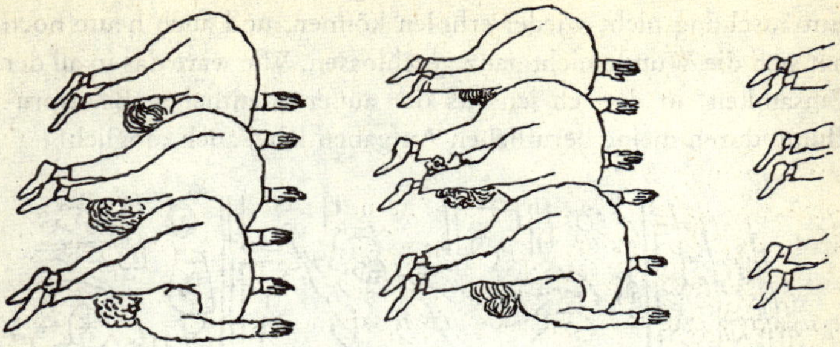

das Tiefste ist, sowie von Hermann Hesse oder Christine Brückner und Siegfried Lenz und anderen, die vielleicht auch Ihnen etwas bedeuten, so verschieden sie sein mögen. Nicht zu vergessen auch die echt weibliche Dichterin Ulla Hahn mit ihren Frankfurter Skizzen »Wurstende, Netzende« und, immer schon, Pearl S. Buck.
Damit möchte ich Ihnen für heute Lebewohl sagen. Auf ein gutes Gespräch mit Ihnen würde sich aufrichtig freuen

(Martina Groth)

DER »ICH-LIEBE-EIN-GEPFLEGTES-HEIM«-BRIEF

Meine liebe (Karla),
dies wird hoffentlich das letzte Mal sein, daß ich Sie mit »Sie« anreden muß – schon am Wochenende, wenn ich meine Reise nach New York hinter mir habe, hoffe ich Sie ja wiederzusehen.
Die Stunden, die ich gestern mit Ihnen und Ihrem Bruder und seiner Frau verbracht habe, gehören zu den schönsten, an die ich mich überhaupt erinnern kann. Und dann komme ich nach Hause, in vier geräumige, geschmackvoll eingerichtete Zimmer, die von einer nachlässigen Zugehfrau betreut werden – und alles ist kühl und ohne Leben. Dabei, glauben Sie mir, geht mir nichts über ein gepflegtes Heim.
Ich hätte es, vor Jahren, fast einmal besessen. Doch meine Hoffnung zerbrach an der Unverständigkeit und Kälte der Frau, die ich damals aufrichtig liebte, der es aber um ganz andere Dinge ging als

um Liebe. Nun – ich habe mich lange Zeit hindurch von dieser Enttäuschung nicht wieder erholen können, und auch heute noch hat sich die Wunde nicht ganz geschlossen. Wie wäre das in all der Einsamkeit, in der ich jenseits der außerordentlichen Beanspruchung durch meine beruflichen Aufgaben lebe, auch möglich!

Ich stelle Sie mir vor, Karla, wie Sie an dem Ostfenster meiner Wohnung stehen, wie Ihre schöne Hand der letzte Akzent ist im Blick auf den Schillerpark! Ich stelle mir vor, wie Sie den glühenden Span unter die Kaminscheite schieben, ich stelle mir vor, wie im Schein des sibirischen Windlichts auf dem Balkon Ihr goldenes Haar erglänzt! Da weiß ich, daß Sie alle meine Wunden heilen könnten.

Denn ich liebe ein gepflegtes Heim nicht nur, ich brauche es wie der Fisch das Wasser. Zwischenhinein aber wären wir in Ascona, in Nizza, auf den Kanarischen Inseln, in den Basaren von Tunis, in Kairo, in Bagdad, in Rom – um dann heimzukehren in unser Reich und uns lange Winterabende an den mitgebrachten Dias zu freuen, die mein Hobby sind und worin ich es zu einer gewissen Meisterschaft gebracht habe, wie man sagt.

Diese Gedanken bewegen mich heute, wenn ich durch meine Wohnung gehe, die schön ist mit den friesischen Barockmöbeln, den echten Teppichen, den kostbaren Rokoko-Lampen, den Keramik-Hockern aus Italien – die schön ist, ja, aber der die Seele fehlt. Ich glaube daran, Karla, daß Sie diese Seele sein könnten.

Mit allen herzlichen Grüßen bis zum Wochenende!

Ihr (Walter Flemming)

Beispiel 4
Die Liebe zu einem Menschen und der Wunsch, im Leben weiterzukommen, gehen öfter Hand in Hand als man gemeinhin denkt. Für einen solchen Fall ist das folgende Muster gedacht.

LIEBESBRIEF AN EINEN FOTOGRAFEN

Lieber, liebster (Kully Roggler)!
Ich habe Sie schon so oft beobachtet! Sie sind ein wirklich toller Mann! Besonders Ihr Mund! Gestern haben wir nebeneinander im Café gesessen, aber Sie haben die ganze Zeit mit Ihrer Begleiterin geredet und mich bloß einmal so angesehen, da ist mir ganz anders geworden.
Ich werde ganz verrückt, weil ich immer an Sie denken muß. Ich würde mich auch so gerne mal von Ihnen fotografieren lassen. Alle sagen zu mir: Du mit Deiner Figur kannst doch zum Film oder so was! Aber ich habe keine Verbindungen. Jetzt bin ich nämlich Verkäuferin.
Meine kleine Schwester ist fünfzehn, aber hat bessere Beziehungen als ich. Sie geht immer zu Veranstaltungen mit einflußreichen älteren Herren, aber da kann ich nicht hin, weil ich zu alt bin. Aber ich bin zu schade, um so zu versauern. Ich hatte mal einen Freund, der hat auch Fotos von mir gemacht ohne alles, aber die sind nichts

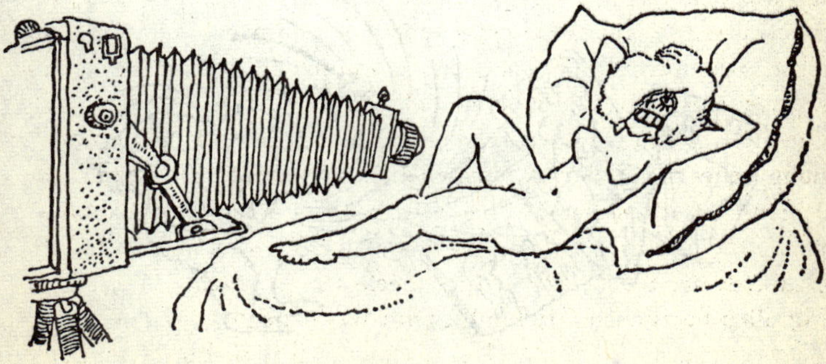

geworden, weil er ein Stümper war. Er gefiel mir auch sonst nicht. Aber Sie! Sicher erinnern Sie sich an mich, ich war die in dem roten Mantel. Ich habe noch nie richtig gewußt, was Liebe ist, aber wo Sie mich gestern so angesehen haben, seitdem bin ich ganz durcheinander. Bitte, bitte, schreiben Sie mir bald und lassen Sie mich kommen!

Ihre (Lilo Eggers)

Beispiel 5 und 6
Die Liebe geht oft seltsame Wege. Auch dann ist manchmal ein Brief nötig. Für solche etwas unüblichen Fälle sind die beiden folgenden Muster gedacht.

LIEBESBRIEF EINES SADISTEN

(Gerda)!
Du unangenehmes kleines Luder, Du Quetschbeere – ich sage Dir, ich komme morgen! Ich mache meinen Kiosk zu, wenn auch Sonnabend ist, und dann setzt's was! Du hast wohl gedacht, ich hätte Dich vergessen?
Nein, Du Schindmähre, meine Peitschchen warten schon darauf, Dich anzutreiben. Ich bring' Dir auch ein paar Illustrierte mit, aber die mußt Du mir bezahlen, sonst schmeiß' ich Dich aus dem Fenster.

Und das sage ich Dir jetzt schon: Kein Stück zieh' ich aus. Da kannst Du nach Fleisch wimmern wie neulich oder noch mehr – nichts ist. Aber Du, Du bist nackt, wie beim Metzger. Hast Du mich verstanden!

(Willi)

LIEBESBRIEF EINES MASOCHISTEN

Große schreckliche (Johanna),
hast Du Zeit? Meine Frau ist in Biarritz, das Haus steht leer, Du kannst mich durch alle Zimmer jagen! Ach, mich anbinden an der gotischen Madonna und mich anspucken! Deine roten Hände um meinen Hals legen und mich die Treppe hinaufziehen – alles, alles, was Du willst!

Aber komm! Und alle Gürtel lege ich heraus und das Badezimmer bereite ich vor, und Haare wirst Du mir ausreißen – komm! Ich werde wahnsinnig in diesen weichen Sesseln hier, und jede Stelle meiner Haut schreit nach Deinen Schrecklichkeiten – ach Johanna! Komm, ich bin immer zu Hause!

Ach Dein Stummel (August)

Beispiel 7
Immer hübsch macht sich ein Liebesbrief in Form eines Gedichts. Dringend zu empfehlen ist diese Form jedoch vor allem in etwas schwierigen Liebesfällen.

LIEBESBRIEF AN EINEN VORGESETZTEN

Lieber, lieber Herr Direktor!

»Ein Brief von der, will die mehr Geld?«
O nein, ich ziehe jedem Scheck vor
das Glück, das aus dem Rahmen fällt!

Das große Glück! Oh, vielleicht ahnen
und wissen Sie schon, was ich mein'?
Sie kreuzten meines Lebens Bahnen,
ja Sie! Oh, sagen Sie nicht nein!

Wenn Sie mich freundlich früh begrüßen
und froh auf meine Knie schaun,
dann könnte ich vor Glück zerfließen!
Sie haben einen Blick für Frau'n!

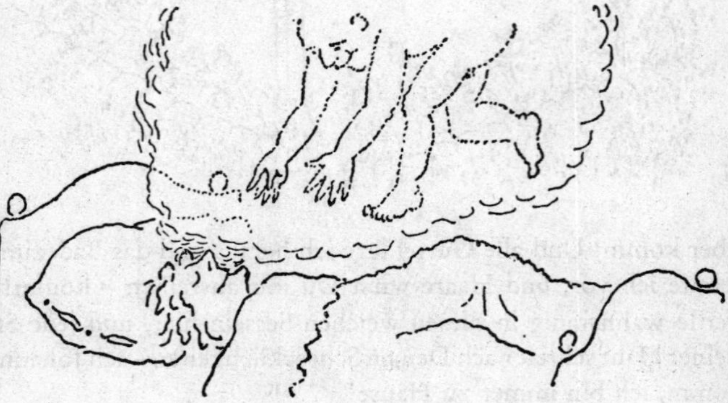

Ich weiß, Sie sind ein Ehegatte –
doch das sagt nichts, ich kenn' mich aus
und glaube fest, daß meine glatte
Haut überall ein Augenschmaus

für Sie stets wär', so wie die Ihre
bestimmt für mich. Ich träum' davon,
wie wir im FKK-Reviere
uns herzen in der Abendsonn'!

Wie Sie in meinen ganzen Haaren
mit Ihrer schönen großen Hand
und überhaupt mit mir verfahren –
ich seh' das so und bin gebannt!

Doch es ist nicht das Sexuelle,
was, Herr Direktor, mich so treibt,
daß meine Hand nun auf der Stelle
ganz offen endlich Ihnen schreibt –

es ist die Liebe! Ach, die Lippen,
die »Mahlzeit« sagen, feucht und nett!
Ihr Adamsapfel! Ihre Rippen
im Oberhemd so, im Jackett!

Die Art, wie Sie die Schuhe tragen!
Und dann, nach oben, ach wie soll
ich meinen Eindruck mal gut sagen?
Ich finde Ihre Hosen toll!

Echt fiebernd will ich's unterstreichen:
Ich liebe Sie! Und wiederhol's!
Und warte auf ein klares Zeichen
des Ihrerseit'gen Wollenwohls.

Genug an Papiere –
ich bin die Ihre!

Beispiel 8
Bei Liebesbriefen an ausländische Personen stellen wir uns rücksichtsvoll und zielstrebig auf die Tatsache ein, daß sie normalerweise nur einfaches Deutsch können.

LIEBESBRIEF AN EINE AUSLÄNDISCHE MITARBEITERIN

Hallo, Du gut Mund und Figura!
Du heute Post kriegen von Mann mit Schlips mit groß Blumen. Bestimmt Du gemerkt: mein Herz Liebe Du, immer wenn sehen Dich oder Traum. Du kommen sehr schöne Land, ich kennen von Urlaub. Auch Frauen in Deine Land schön. Du mehr schön! Du mehr schön wie ganze Land und Frauen! Ich Frauen Deutschland nicht lieben, ich nur lieben Person von Deine Land, ich nur lieben Person Du! Du Gesicht wie Sonne und Figura wie Film! In Bluse Du Kurve, was Brust ist, ich Liebhaber. Das sagen: ich sehr lieben Dich bei Dein Brust, wenn Bluse weg bald. Bestimmt auch Du können ganz weg Sachen, wo viel Hitze und Bluse vorbei, ich sehr schön finden und viel freuen. Ich sehr gute Mann, ich nicht schnell, ich viel Zeit müssen bei Liebe, und wieder können ganz Nacht, weil viel Kraft wo wichtig. Ich auch sehr gut Auto, Opel Ophelia D/H 410 mit Vario-DV-Antriebsübersetzungsstutzen und Blueberry Hill Streckfallsitzen. Wir schön Ausflug fahren. Ich auch wissen Platz mit sehr gut Hamburger – Du auch viel essen, wenn Hunger? Du mich anrufen, Nummer oben, immer ist Anrufbeantworter, neu Modell Jet Set. Du sagen können Liebe, ich mich melden! Alles klar?

Ich hoffen!
(Henk Udo Bahde)

Beispiel 9
Manchmal führen bestimmte berufliche Bindungen zu scheinbaren Konflikten in erotischer Hinsicht; wie man diese in einem Brief ausräumen kann, zeigt die folgende Vorlage.

LIEBESBRIEF VON DER BESITZERIN EINES EINSCHLÄGIGEN VERSANDHAUSES

Sehr lieber Herr (Lehmann)!
Bitte, lassen Sie es zwischen uns zu keinem Mißverständnis kommen! Wir beide hatten und haben doch wohl den Eindruck, daß sich bei dem Regattaball unsere Herzen nähergekommen sind als das sonst zwischen reifen Menschen der Fall zu sein pflegt!
Wie ich höre, haben Sie von Herrn Dr. Klüss inzwischen erfahren, daß ich das Versandhaus »Frau Erika« betreibe. Ich weiß nichts darüber, wie Sie diese Mitteilung aufgenommen haben. Ich habe nur Sorge, Sie könnten nun fürchten, daß mir die Liebe nichts bedeutet, weil ich sie in den Mittelpunkt meines Geschäfts gestellt habe, oder gar, daß sie mir kein Geheimnis mehr enthielte.

Liebster Herr Lehmann, nichts wäre falscher als das! Nicht um sonst sind Rilke und Hugo von Hofmannsthal meine großen Lieblinge – gerade weil ich in der Liebe das Tiefste und Schönste sehe, gilt meine alltägliche Sorge dem Liebesglück der Menschen! Und das Geheimnis der Liebe bleibt ewig – das können weder die

Spezialkosmetika noch die rasanten Video-Filme, noch das Tibetanische Brusthandtuch meines Hauses auflösen oder gar zerstören. Im Gegenteil!
Dieses nur rasch im vorhinein, lieber Gottfried Lehmann – bis zu unserer Verabredung am Samstag!

Ihre (Heide Sonntag)

Beispiel 10
Wer viel unterwegs ist, wird natürlicherweise öfter Liebesbriefe schreiben als jemand, der immer am selben Ort ist.

LIEBESBRIEF EINES VERTRETERS

Liebe (Margot),
es ist wieder einmal soweit: Nächste Woche mache ich wieder meine Bielefeld-Hannover-Tour. Montag abend habe ich eine Besprechung in Hannover, aber Dienstag und Mittwoch können wir. Ich freue mich, Dich wiederzusehen, und hoffe, Du hast seit letztem Mal um die Hüften herum etwas zugenommen. Ich bring' Dir auch was mit. Also halte Dich bereit, ich komme gegen sieben. Du hast doch nicht etwa eine andere Verabredung? Mach mich nicht eifersüchtig!

Dein (Kuno)

Beispiel 11
Liebesbriefe sind keine Sache des Alters. Auch Menschen, zwischen denen ein Altersunterschied von mehreren Jahrzehnten besteht, können sich herzliche Liebesbriefe schreiben, wie das folgende Beispiel für den Brief einer reifen Frau zeigen möge.

LIEBESBRIEF EINES ALTEN SCHULSCHIFFS

Mein lieber dummer Junge,
Du weißt, daß ich Dich von Kopf bis Fuß sehr mag, von anderen Ecken Deines 24jährigen Luxuskörpers gar nicht zu reden. Warum nun solche Aufregung?
Ich weiß schließlich längst, daß Du sehr an mir hängst, und ich freue mich darüber. Aber nun schreibst Du mir einen so wütenden Brief, drohst mit der Rückgabe meiner Geschenke an Dich und so

weiter (wobei die Wäsche ja sowieso schon etwas gebraucht ist, Schätzchen ...). Und warum? Weil Du herausgefunden hast, daß auch zwei Deiner Freunde an mir hängen. Ja und? Mein Junge, in keiner Lage habe ich zu Dir gesagt: Du, Du, Du allein. Für solche Schwüre bin ich nicht mehr jung genug – und Du übrigens warst bisher zu vernünftig, sie zu erwarten oder sie Deinerseits zu flüstern. Ich denke nicht daran, Dir zu sagen, wie mir Hans oder Peter gefallen und wie und was wohl besser oder nicht. Siehst Du, wenn Dir jemand sagt: »Mein Lieblingsgericht ist Kirschtorte – glaubst Du dann auch, daß er nichts anderes ißt als Kirschtorte? Na also. Mach so was nicht mehr, nicht? Wenn wir beide allein zusammen sind, sind wir allein auf der Welt – ist das nicht genug? Von Ewigkeit war doch nie die Rede, wir werden ja beide älter. Sei lieb, Schätzchen. Und komm schön – noch hast Du nicht alle Segel zu setzen gelernt auf Deinem alten Schulschiff (ich weiß, Du kannst den Ausdruck nicht leiden, drum).

Küßchen, komm –
Deine (Gitta)

IV. Bitt- und Bewerbungsbriefe

Bei Bewerbungsbriefen oder Briefen, in denen wir ein Werk oder eine Leistung von uns anbieten, kommt alles darauf an, daß wir uns richtig herausstellen, ohne uns in übertriebener Weise selbst zu rühmen.

Beispiel 1

Briefe, mit denen wir eine geistige Leistung bei Intellektuellen (Zeitung, Rundfunk, Verleger) anbieten, sollten nicht schnell, sondern mit Bedachtsamkeit geschrieben werden und Niveau haben.

EINREICHUNG EINES WERKS FÜR DAS DRITTE HÖRFUNKPROGRAMM

Sehr geehrter Herr Dr. (Stöhlke)!

Vor einiger Zeit gelangte Ihr ausgezeichnetes und gehaltreiches Buch »Selbstbesinnung der Literatur in ihren Randzonen« in meine Hände. Ich weiß nicht, ob der Verlag Ihnen meine Rezension zugesandt hat; jedenfalls schicke ich Ihnen hier ein Exemplar, damit Sie sehen, wie auch der Kenner aus Ihrer Arbeit durchaus viele neue Anregungen empfängt – dankbar empfängt, möchte ich sagen.

Bei dem kurzen Gespräch auf dem Kongreß, wo wir uns seinerzeit kennenlernten, sagten Sie mir, daß die Themen meiner kunstphilosophischen Arbeit in Ihrem Programm durchaus Platz finden könnten. Ich schlage Ihnen heute zwei Sendungen von je 120 Minuten vor, deren Thematik sich am besten in der Frage zusammenfassen läßt: Wo sind die Grenzen der Bildung und der bildenden Kunst? Wie Sie wissen, ein Thema, dessen brennende Aktualität heute die

gesamte geistige Welt bewegt. Ihr, wie Sie mir sagten, nach Tausenden zählendes Publikum dürfte solche eingehende Untersuchung dazu zweifellos begrüßen.
Ich könnte die Arbeit auch dem hiesigen Rundfunk anbieten, doch habe ich – von anderen Erwägungen abgesehen – mit den hiesigen

Honorarsätzen leider nicht die besten Erfahrungen gemacht, wie ich Ihnen offen sagen möchte. Als einer der letzten freien, unabhängigen Geister und geistig Schaffenden hierzulande bin ich aber auf diese Einnahmen angewiesen, wie Sie wohl wissen.
Ein späteres Thema wäre übrigens: »Das Muß und das Dennoch in der modernen Kunst.« Sehr sehr aufschließbar!

Mit bestem Gruß Ihr
Dr. (Walter Klärmann-Kleier)

Beispiel 2, 3, 4 und 5
Bei Bewerbungsbriefen, die keine Antwort auf Zeitungs- oder andere Offerten sind, fügt man noch keinen ausführlichen Lebenslauf bei; wohl aber sagt man, wer man ist und was man gelernt hat, und nennt die bisher innegehabten Positionen. Wir betonen dabei die Dinge, die uns dem Empfänger der Bewerbung für die in Frage kommende Tätigkeit besonders empfehlen.

BEWERBUNG BEIM BUNDESNACHRICHTENDIENST (o. ä.)

Sehr geehrte Herren,
hiermit möchte ich mich bei Ihnen um eine Stellung in Ihrer Organisation bewerben.
Ich bin 37 Jahre alt (Jahrgang 1949) und wurde mit rein deutschen christlichen Vorfahren geboren in Güstrow (Mecklenburg), doch verließ ich das dortige Gebiet aus weltanschaulichen Gründen zusammen mit meinen Eltern im November 1959 und siedelte in den freien Westen über, wo sich die Zahnarztpraxis meines Vaters baldig derart gesund gestaltete wie unter den SED-Anschauungen gegenüber der Vergangenheit meines Vaters (Jahrgang 1912) niemals möglich.
Durch meine persönlichen Erfahrungen mit dem Kommunismus einerseits und mit dem in der Bundesrepublik herrschenden »Wohlstand für alle« andererseits konnte ich in jungen Jahren sehr gut vergleichen, wie die Demokratie aussieht und wer ihre Feinde sind.
Trotzdem passierte es mir, daß ich nach dem Abitur sowie der sehr guten Bundeswehr und anschließender Elektrokaufmanns-Lehre in gewisse Kreise hineingezogen wurde, die mit klassen- und friedenskämpferischen Linksparolen liebäugelten, was sie schon seit 1968 so ähnlich taten. Dieser aktive Umgang ging bis 1976 und hat mir voll die Augen geöffnet, so daß ich mich mit diesen Leuten auskenne, wobei noch hinzukam, daß mein Vater mich wieder akzeptierte und ich auch anfing, mich für die elektronische Fortschrittsindustrie zu interessieren.
So fand ich dann eine Stellung bei einem multinationalen Konzern dieser Branche, wo mir der letzte Nebel aus dem Kopf getrieben wurde, besonders über das, was Amerika für uns alle und für die Zukunft bedeutet. Schließlich hatte und habe ich völligen Ein- und Durchblick, sowohl wirtschaftlich und technologisch wie hinsichtlich des Werkschutzes, und beherrsche alle wichtigen Computersprachen, Taktik und Strategie der Auf- und Nachrüstung betreffs hardware und software sowie die nachrichtentechnischen Aspekte des Telemicrocommunication Secret Service System Alpha Tiger Washington.

Aufgrund diverser internationaler Personalveränderungen in dem Konzern möchte ich mit meinen zahlreichen Erfahrungen und mit meiner Einsatzbereitschaft nunmehr unserem Staat dienen und mich um der Zukunft willen endlich einreihen in den aktiven Kampf gegen alle »Feinde des friktionslosen Funktionierens, die Wirtschaftssaboteure, Kernkraftgegner, Umweltspinner, Datenschutzköpfe, Friedensphantasten, Agenten des Weltkommunismus«, wie neulich von einer großen Tageszeitung formuliert wurde.
Ich wäre Ihnen daher dankbar, wenn Sie mir die entsprechenden Bewerbungsunterlagen schicken würden und mir Gelegenheit zu persönlicher Vorstellung geben würden.

Hochachtungsvoll
(Siegmar Klopsch)

BEWERBUNG ALS GHOSTWRITER

Sehr geehrter Herr (Trumpf)!
Hiermit möchte ich Ihnen als unserem wohl prominentesten Miederfabrikanten und Inhaber einer der größten Damenunterbekleidungsfirmen des Kontinents einen sehr persönlichen Vorschlag machen und zu dessen Ausführung meine Dienste anbieten.
Um es vorweg zu sagen: Ich bin Ghostwriter und bin als solcher heute die wohl meistbeschäftigte und die in Eingeweihtenkreisen wohl anerkannteste Kapazität im deutschsprachigen Raum. Die zahlreichen bedeutenden Persönlichkeiten aus allen Kulturzweigen,

für die ich bereits tätig war, kann ich Ihnen selbstverständlich nicht nennen, denn Diskretion ist in meinem Beruf alles!
Mein Prinzip: Wer mich bezahlt und mir ein bißchen Material gibt, für den schreibe ich in seinem Namen alles. In Sonderfällen auch längere Beiträge für Zeitschriften usw., z.B. den Bericht eines Fußballnationalspielers, betitelt: »Unser Länderspiel in Island war kein Spaziergang«, oder die offenen Worte eines Gastronomen: »Warum ich meine Nachtcafés mit Damenwahl aufgebe – Eine Abrechnung«.
Normalerweise aber schreibe ich Bücher, vor allem Erinnerungen, Erlebnisberichte, Memoiren. Die Buchverlage wollen ja zweimal im Jahr das große Geschäft machen, und das bedeutet, sie müssen zweimal Neuigkeiten auf den Markt werfen. Neuheiten, die gehen! Und was die Leute heute kaufen, das sind: Erfahrungsberichte interessanter Persönlichkeiten der Gegenwart; verlangt wird Sachbuchcharakter mit privatem touch!
Was ich für diese erfolgreichen Bücher meinerseits aufbringen muß, darüber verfüge ich: Phantasie sowie Einfühlungsvermögen in den Auftraggeber und in das Käuferpublikum. Mein Vorschlag an Sie, Herr Trumpf, Sie ahnen es: ein Buch von Ihnen! Sie zählen 59 reiche, bewegte Jahre, Sie waren dreimal verheiratet, Ihr Name ist eine Weltmarke! Vielleicht – ich kenne diesen Einwand! – meinen Sie, an Ihrem Leben sei nicht viel Interessantes dran, das zu erzählen wäre. Nun, Sie selbst und die Leser vom Gegenteil zu überzeugen, das lassen Sie meine Sorge sein!
Ich werde Ihnen dafür Fragen stellen müssen, etwa: Wie sind Sie einstmals zur Damenunterwäsche gekommen? Wodurch empfanden Sie Seele und Anatomie der Frau als schöpferischen Impuls? Hat Romy Schneider Trumpf-Mieder getragen? Haben Sie Prominente ganz direkt beliefert irgendwann – Königin Silvia oder Mildred Scheel oder Maria Hellwig oder Hannelore Kohl oder Nancy Reagan oder auch die Fischer-Chöre? Welche Erfahrungen haben Sie in Ihrer Firma mit Mannequins und Näherinnen gemacht, und welche Rolle spielten Männer dabei? Dazu, weiter: Geschichte des BH, des Busens überhaupt, dazu: Das gegenwärtige Miederbewußtsein, dazu: Das weibliche Becken zwischen Slips und Straps, dazu: Wie ich Frauen nach den Wechseljahren ihre Zufriedenheit

wiedergab, dazu Erkenntnisse wie: Mit Büstenhaltern kann nur der Büstenkenner an die Spitze kommen, Im Unbedeckten gibt es keine Entdeckungsreisen, Jeder Nabel hat seinen Horizont und Trumpf muß ihn erweitern.
Und so weiter und so weiter. Ich lege Ihnen das Buch bei, mit dem einst mein Archäologie-Professor (inzwischen verstorben) dank meiner Schreibgewandtheit hochberühmt wurde, und zweitens die eigentliche Eröffnung meiner Karriere: die Lebensbeichte des Schwippschwagers (inzwischen verstorben) meines Professors, der mehrfach deutscher Meister im Steherschwimmen und dann lange der Leiter eines Steineraneums für amphibische Eurhythmie war.
In der Hoffnung, bald von Ihnen zu hören,

ergebenst Ihr
(Dr. Hugo Braubach)

BEWERBUNG BEI EINEM BEERDIGUNGSINSTITUT

Sehr geehrte Herren!
Hiermit möchte ich mich in Ihrer wohlrenommierten Firma um eine Stelle als Bestattungskaufmann bewerben.
Ich bin dreiundzwanzig Jahre alt und habe eine kaufmännische Lehre gemacht. Zur Zeit bin ich ungekündigt beschäftigt bei Grass

& Co Scherzartikel en gros und en detail, welche Tätigkeit mich jedoch nicht befriedigt.
Ihre Branche lockt mich aus mehreren Gründen und Voraussetzungen. Erstens steht mir nach allgemeinem Urteil Trauerkleidung am besten; leider hatte ich bisher zu selten Gelegenheit dafür. Außerdem kann mein Gesicht sehr gut einen ergriffenen und erschütterten Ausdruck annehmen und auch mit dem entsprechenden Händedruck komme ich, wie ich glaube, sehr gut zurecht.

Vor allem aber sehe ich gern traurige, verwirrte und verzweifelte Menschen um mich und halte es nicht nur für eine hohe und schöne Aufgabe, ihnen ihr Liebstes angemessen beizusetzen, sondern auch, sie selbst durch klare kommerzielle Verhandlungen wieder auf den nackten Boden der Realität zurückzuführen, unter dem sie alle eines Tages ja liegen werden.
Meinen übrigen Lebenslauf, meine Zeugnisse sowie mein Äußeres wollen Sie bitte den beigefügten Anlagen entnehmen.
Ihrem Bescheid gern entgegensehend verbleibe ich

in Hochachtung
(Heinz Schneck)

BEWERBUNG ALS ASTROLOGISCHER BERATER

Hochverehrter Herr Bundeskanzler!
Bitte, erlauben Sie mir, daß ich mich zunächst vorstelle: Mein Name ist, wie hier auch gedruckt, Edwin Dainicke, und ich bin von Beruf

geprüfter Astrologe. Privat habe ich eine glückliche Ehe, der eine erwachsene Tochter entsprossen ist, sowie diversen Grundbesitz und ein schmuckes Einfamilienhaus, in dem ich seit Jahren erfolgreich meinem Beruf nachgehe.

Ich darf Ihnen erläutern, daß ich meinen Beruf mit großer Willenskraft und Zielstrebigkeit sowie dem betreffenden Interesse ausübe, einerseits in vielfältiger Pressearbeit (unter anderem für die emsländische katholische Kreuzworträtselzeitung »Das Wort im Kreuz« mit der bekannten Rubrik »Befragte Sterne – Erlöste Rätsel« und für die große Monats-Zeitschrift »Frauengold« mit meiner Seite »Die Regel der Sterne«) wie auch in einer umfangreichen Privatpraxis.

Von Pressekonsumenten wie Privatkunden wird ausnahmslos anerkannt, daß ich noch niemals etwas Falsches gesagt habe. Aufgrund meiner Sprachbeherrschung gebe ich nur Auskünfte, die in jedem Fall stimmen, die aber fundiert sind mit astrologischen Daten aus der kosmischen Faktizität und Numerik.

Wie Sie wissen, hochverehrter Herr Bundeskanzler, herrscht in der Bundesrepublik ein überwältigendes Interesse an der Astrologie. Ich verweise nur auf die zahllosen Tages- und Wochenzeitungen, Monats- und Jahresdruckschriften, in denen den Lesern die immer gewünschten kürzeren und längeren Mitteilungen über die An- und Absichten der Gestirne geboten werden.

Was nun gerade Ihnen, hochverehrter Herr Bundeskanzler, sehr gut zu Ihrem positiven Gesicht stehen und was das riesige Vertrauen der mündigen Bürgerinnen und Bürger zu Ihnen vervielfachen würde, das wäre: die sämtliche Schritte Ihrer Regierung begleitende astrologische Begründung jedes dieser Schritte!

Herr Bundeskanzler, Sie brauchen und Sie verdienen die breiteste Unterstützung der vielen Millionen astrologiebewegter Bundesbürger aller zwölf Tierkreiszeichen! Diese Unterstützung aber wird Ihnen ohne weiteres in den Schoß fallen, wenn Sie dem Volk klarmachen, daß Sie immer und überall im Einklang mit den Sternen handeln! Selbstverständlich müssen Sie deshalb keinerlei Konsequenzen ziehen hinsichtlich dessen, was Sie für Politik halten; Sie müssen nur eines: diese Ihre Politik astrologisch einleuchtend verkaufen.

Und das, hochverehrter Herr Bundeskanzler, werden Sie können dank der Mitarbeit von Edwin Dainicke! Aufgrund meiner schon erwähnten Sprachbeherrschung werde ich für Ihre Politik Begründungen geben, die in jedem Fall stimmen, die aber fundiert sind mit astrologischen Daten aus der kosmischen Faktizität und Numerik.

Ob Sie, wenn Sie meine Dienste nutzen möchten, mich als Sonderstaatssekretär im öffentlichen Vordergrund beamten oder mich mit einem entsprechenden Beratervertrag in Ihrem persönlichen Hintergrund unterbringen wollen, das würde ich selbstverständlich Ihnen überlassen.

Voll Verehrung und Hoffnung
Ihr getreuer
(Edwin Dainicke)

Beispiel 6

Zur Erreichung bestimmter Ziele empfiehlt es sich oft, sich der Vermittlung eines Dritten zu bedienen; in einem solchen Brief wird man besonders gemeinsame Bande und die gegenseitige Wertschätzung betonen, um die Bitte zu unterstreichen.

BITTE UM VERMITTLUNG DER VERLEIHUNG DES BUNDESVERDIENSTKREUZES

Lieber verehrter Herr Ministerialrat (Wollmanns),
vor wenigen Tagen las ich im Zusammenhang mit den erfolgreichen Erdölverhandlungen in Lüttich erneut Ihren Namen und beschloß sofort, mich doch endlich wieder einmal bei Ihnen zu melden. Wir sahen uns wohl zuletzt auf dem Wirtschaftstag vor zwei Jahren. Dabei wohnen wir fast in derselben Stadt! Es ist ein Jammer, wie wenig Zeit einem die tägliche Beanspruchung für die Pflege alter Bekanntschaften läßt! Dabei darf ich vorläufig eigentlich nicht klagen. Ich habe dank der von unserer Regierung belebten Konjunktur mein Werk erneut erweitern können und beschäftige nun gut 1400 Leute; in zwei Monaten, wenn ich sechzig (ja, sechzig!) werde,

werden es wohl gerade 1500 sein. Das ist ein schöner Erfolg nach allerdings jahrelangen außerordentlichen Mühen, und dieser Erfolg zeigt wohl, daß mein oft nicht leichter Weg der richtige Weg war und ich mit meiner Unternehmung eine wirkliche Lücke geschlossen habe; war doch unsere Wirtschaft auf diesem Gebiet früher ganz auf Importe angewiesen! Zudem kann ich sagen, daß die soziale Betreuung meiner Leute erst vor kurzem von unserer Industrie- und Handelskammer als »vorbildlich« bezeichnet wurde, was allerdings auch tatsächlich der Fall ist.

Darf ich Sie zu dem erwähnten »Sechzigsten« schon jetzt einladen? Natürlich bekommen Sie noch eine offizielle Einladung. Zuerst wollte ich mich diesem ganzen Auftrieb gänzlich entziehen und den Tag still in meinem Jagdhaus in der Heide verleben, aber es ist offenbar unmöglich, wie man mich überzeugt hat. Nun, ich werde gute Miene zum bösen Spiel machen. Um so mehr würde ich mich natürlich freuen, an dem Tag auch einige gute Bekannte zu sehen, und zu diesen rechne ich seit unseren alten Zeiten in der Jungen Union, wo wir ja wahrhaftig manchen guten Tropfen zusammen genossen haben, nicht zuletzt auch Sie!

Da wir gerade bei dem Geburtstag sind: Mein Verband, in dem ich, wie Sie wohl wissen, Vizepräsident bin, versucht zur Zeit, mich zu diesem Tage für die Verleihung des Bundesverdienstkreuzes vorzuschlagen. Ich kann mich da nicht gut querlegen; denn wenn mir persönlich an solchen öffentlichen Auszeichnungen auch nichts

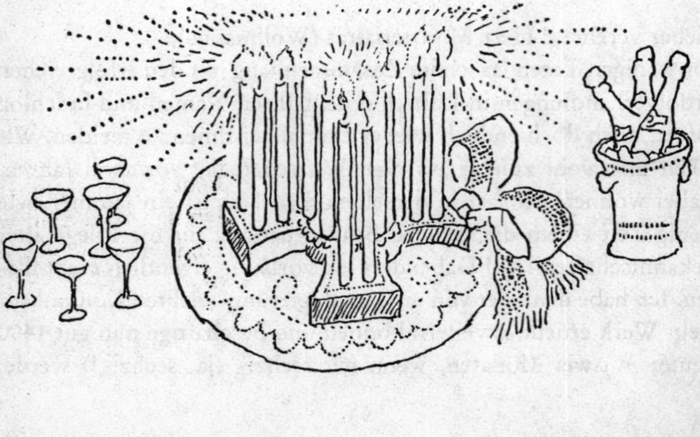

liegt, so sehe ich doch ein, daß dem Verband im Hinblick auf das allgemeine Bewußtsein von der Bedeutung unseres Wirtschaftszweiges solche Anerkennung von Wichtigkeit sein muß. Vielleicht können Sie Herrn Ministerialrat Zipser im Innenministerium, der ja ein Logenbruder von Ihnen ist, gelegentlich in diesem Sinne aufklären, es ist doch wohl sein Ressort.
Ich würde mich sehr freuen, Sie auch außerhalb eines solchen turbulenten Anlasses, wie ihn dieser Geburtstag darstellt, einmal ganz privat bei uns draußen in Gundolfshagen begrüßen zu dürfen! Vielleicht ergibt sich bald einmal eine Gelegenheit.
Mit den besten Grüßen von Haus zu Haus

Ihr (Alfred Leinert)

Beispiel 7
Diese Sammlung soll auch Muster für nicht ganz alltägliche Briefe enthalten, und wir wollen auch das ein wenig Absonderliche nicht scheuen, denn die Sammlung soll ja ein Gebrauchsbuch für alle Kreise sein. Darum als letztes Beispiel in diesem Abschnitt:

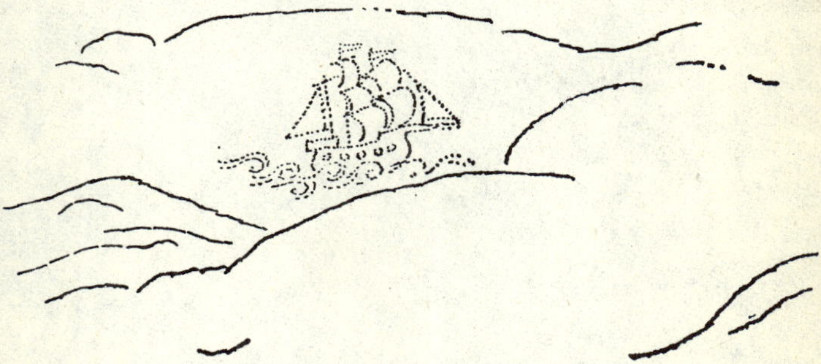

BITTE UM DAS AUTOGRAMM EINES TÄTOWIERERS

Werter Herr (Stull)!
Mich fragen öfters Bekannte, wo ich die schönen Tätowierungen herhabe. Diese sind aber von Ihnen, von vor drei oder vier Jahren.

Dabei sind es gar nicht viele. Bloß unten über den Haaren etwas wie die Alster mit Segelbooten und an beiden Oberschenkeln, links der Michel und rechts die Kehrwiederspitze. Das hatten wir damals ausgemacht, weil ja für mich als waschechte Hamburger Deern genau richtig. Sie können sich da dran erinnern.
Nun habe ich gerade mal ein bißchen Zeit und könnte mal Bremen wieder aufsuchen. Weil da so oft nach gefragt wird, möchte ich dann gerne, daß Sie unter den Michel dann noch Ihren Namen hintätowieren, wie bei richtigen Bildern. Das wäre dann auch eine schöne Reklame für Sie.
Wenn es geht, schicken Sie mir doch eine Karte, dann komme ich nach Bremen hin.

Hochachtungsvoll
(Gerti Zahn)

V. Ablehnungsbriefe

Bitten oder Anfragen ablehnen zu müssen ist immer eine peinliche Aufgabe, doch ist es tatsächlich oft nicht anders möglich. Es sollte für den Schreibenden selbstverständlich sein, daß er dabei die Gefühle des Empfängers möglichst schont; andererseits hat der Empfänger Anspruch auf Klarheit, und wenn es irgend geht, auch auf eine Begründung unserer Ablehnung.

Beispiel 1
Einer der häufigsten Ablehnungsbriefe ist der, den der Verleger an Autoren richtet, die zu verlegen er ablehnt; läßt er ihm aus übergeordneten Gründen nicht den Norm-Ablehnungsbrief zukommen, so bemüht er sich, einen solchen Autor nicht zu entmutigen.

EIN VERLEGER LEHNT EIN MANUSKRIPT AB

Sehr geehrter Herr (Sandmann),
besten Dank für die Zusendung Ihres Manuskriptes »Die Trapeze von Jericho – Roman einer Zukunft«. Wir haben es aufmerksam gelesen, doch können wir uns trotz seiner hohen Qualitäten leider nicht entschließen, es in unser schon sehr dichtes Programm aufzunehmen.
Sie schreiben ohne Zweifel einen sehr guten, wenn auch etwas eigenwilligen Stil, und die Charaktere sind überzeugend durchgezeichnet.
Freilich ist sowohl die Charakterführung als auch die Erzähltechnik durchaus konventionell.
Daß Ihre Hauptfigur durch Selbstmord endet, ist ebenso klischeehaft wie der Wille zum Leben bei deren Antagonisten. Beides ist allzuoft geschrieben worden.

Was wir aber brauchen, ist das Neue. Das Klischee geht bei Ihnen so weit, daß Sie Augen als blau oder braun oder grau bezeichnen – das haben wir nun wirklich viele Male gehabt.
Bitte, sehen Sie in unserer Ablehnung keine Bewertung. Vielleicht sollten Sie sich einmal dem Versuch zuwenden, etwas zu übersetzen; Übersetzungen werden heute außerordentlich viel gelesen, und auch wir verlegen nur noch solche.

Mit vorzüglicher Hochachtung
Verlag (Schiffer & Kähnle)

Beispiel 2
Härter wird sich ausdrücken, wer eine an ihn herangetragene Bitte als allzu aufdringlich oder schlechthin als Zumutung erachtet. Auch dann noch gilt freilich in der Regel das Gebot der Höflichkeit.

EIN LINKSINTELLEKTUELLER LEHNT EINE MITARBEIT AB

Sehr geehrter Herr (Vorwerk),

ich habe Ihren Brief erhalten, besten Dank.
Allerdings muß ich Ihnen sagen, daß ich mich außerstande sehe, in Ihrem kleinen Arbeitskreis »Demokratische Mitte« mitzuwirken.

Ich wäre dort einfach fehl am Platze. Ich weiß nur allzugut, daß unkonventionelle Meinungen und Ansichten wie die meinen nicht gefragt sind; es wird mir nie (und von den Teilnehmern Ihres Kreises schon gar nicht) verziehen, daß ich mich von den restaurativen Tendenzen einer zunehmend nach rechts schielenden spätbürgerlichen Gesellschaft nicht habe korrumpieren lassen.
Nein, ich bin nicht beliebt, doch ich sehe es auch nicht als meine Aufgabe an, Liebkind jener Herrschaften zu sein, von deren Zeitalter schon Edmund Burke gesagt hat, es sei das »der Sophisten, Ökonomisten und Kalkulatoren«. Um so weniger verstehe ich denn auch den Brief an mich. Entweder kennen Sie nichts von meinen Arbeiten (die immerhin in drei großen Zeitungen und Zeitschriften regelmäßig erscheinen, von meiner Mitarbeit bei den Tele-Medien nicht zu reden), oder Sie haben sie nicht richtig verstanden; anderenfalls wüßte ich nicht, warum Sie mich zu Gesprächen über Gegenstände bitten, zu denen ich mich u. a. im Rahmen der Aufarbeitung meiner jährlichen Weltreisen längst abschließend geäußert habe.

Hochachtungsvoll

(P. H. Ziegel)

Beispiel 3

Jeder Beruf hat seine Verantwortung, und ähnlich wie der Offizier haben auch andere Staatsdiener vor allem eine politische Verantwortung. So wird mancher Ablehnungsbrief unumgänglich.

EIN VOLKSHOCHSCHULLEITER LEHNT EIN VORTRAGSTHEMA AB

Sehr geehrter Herr Dr. (Schrade),
für Ihren Brief vom 8. ds. Monats danke ich Ihnen bestens. Allerdings muß ich Ihnen sagen, daß mir das von Ihnen vorgeschlagene Vortragsthema nicht zusagt.
Sicherlich, da haben Sie ganz recht, würde es in unser Vortragsprogramm »Deutschland. Eine Wintervorlesung« im Grunde hineinpassen. Dennoch scheint mir das Thema »Gibt es wirklich zwei wirklich deutsche Staaten?« wenig ergiebig. Dadurch, daß wir überhaupt diese Fragen stellten, könnten wir den Anschein erwecken, als sei hier ein Problem, das zu bedenken und zu klären sei. Davon kann ja aber keine Rede sein.
Auch sind wir kein politisches Forum, sondern eine Stätte der Erwachsenenbildung und haben doch andere Anliegen. Wir wollen uns in der Reihe vor allem mit deutschem Geistesgut auseinandersetzen (Goethe, Fichte, Nietzsche und Wagner, Ernst Jünger) und die Frage nach den Eigenheiten deutscher Gesellschaftsgestaltung, nach dem besonderen Charakter der deutschen Schule, nach den Merkmalen deutscher Weltanschauungen, nach dem Volkscharakter der Deutschen im Vergleich mit den Nachbarvölkern stellen.
Für politische Fragen habe ich zwei Abende vorgesehen: Einmal

kommt ein Herr von der Bundeszentrale für politische Bildung und spricht über das Thema »Deutschlands demokratisches Erbe – seine Verwirklichung für Gesamtdeutschland in der Bundesrepublik« (da wird wohl auch Ihre Frage berührt werden), der zweite Abend ist noch frei. Hätten Sie nicht Neigung, sich da eines Themas anzunehmen, das ich einmal so formulieren möchte: »Der Weg zum deutschen Nationalstaat im 19. Jahrhundert und seine landsmannschaftlichen Wurzeln«? Sie sind doch vor allem Historiker, und in diesem Thema hätten wir eine wichtige Ergänzung der übrigen Vorträge. Bitte, geben Sie mir in den nächsten Tagen Bescheid.

Mit freundlichem Gruß
Ihr sehr ergebener
(Dr. Bernhard Drescher)

Beispiel 4
Gelegentlich kommen wir in die unglückliche Lage, aus beruflichen Gründen eine uns zugedachte Freundlichkeit ablehnen zu müssen. Unser Brief soll höflich und klar, aber nicht kühl sein.

DER BEAMTE EINES BESCHAFFUNGSAMTES LEHNT EIN GESCHENK AB

Sehr geehrter Herr Direktor (Egerath),
zu meiner großen Überraschung fand ich gestern unter meiner Post Ihren Brief mit den Entwürfen zu einem Swimmingpool in meinem Garten und dem so außerordentlich vorteilhaften Kostenanschlag. Ich erinnere mich wohl, daß wir einmal über diesen meinen Zukunftsplan gesprochen haben. Leider ist es mir aber unmöglich, Ihr Angebot anzunehmen, weil eine solche Anlage in meiner Gegend allzu großes Aufsehen erregen würde. Ich habe mir diesen Plan auch deshalb aus dem Kopf geschlagen, weil mein Sohn sich jetzt in einem Hamburger Vorort ansiedeln möchte und ich entschlossen bin, ihm bei der sehr kostspieligen Bauerei dort etwas unter die Arme zu greifen; glücklicherweise handelt es sich nur um einen Anbau.

Vielleicht bietet sich einmal Gelegenheit, Ihnen Näheres davon zu erzählen, was Sie als Fachmann interessieren wird. Ihre Unterlagen reiche ich Ihnen anliegend mit bestem Dank zu meiner Entlastung zurück.

Mit bestem Gruß
(Hans Stetzel)

VI. Droh- und Beleidigungsbriefe

Wohl jeder wird sich einmal vor die Notwendigkeit gestellt sehen, jemandem zu drohen oder ihm eine Beleidigung zuzufügen.
Schon von seinem Zweck her ist ein Droh- oder Beleidigungsbrief in der Regel weniger zurückhaltend und elegant formuliert als andere Briefe. Wie weit wir mit unseren Wendungen gehen wollen, hängt aber von dem Einzelfall ab, dem wir unsere Ausdrucksweise anpassen.

Beispiel 1
Im Bereich des Sports sind heftige Briefe eine wichtige Belebung und für die Sportler selbst oftmals eine bedeutende Anregung. Das gilt um so mehr, wenn der Briefschreiber eine Tatsache über den Sportler weiß, mit der sich ein ganz erheblicher Druck auf den Empfänger ausüben läßt.

DROHUNG MIT VERFOLGUNG WEGEN § 175

An »Herrn« (Kaschubek), hier.
Sie wollen ein Sportler sein? Wer es bisher nicht gewußt hat, der hat es am Sonntag nach unserer 3:1 Niederlage gegen die DDR begriffen: Sie sind eine Zuckerpuppe ohne Kampfgeist, ohne alles. Kein Wunder, Sie verbrauchen Ihre Kräfte ja auch anderswo.
Wenn alle deutschen Sportler so inhaltlose Würstchen wären wie Sie, dann wären wir schon längst am Ende. Und ausgerechnet gegen die Zonenfritzen! Wenn Sie schon keine Moral haben, Sie schwules Schwein, könnten Sie wenigstens etwas Ehrgefühl haben.
Ich möchte wissen, wie Sie zu Ihren früheren Erfolgen gekommen

sind. Wahrscheinlich wollten Sie bloß vor irgendeinem Ihrer Bengels glänzen. Jedenfalls hat man da ja gesehen, daß Sie können, wenn Sie wollen, sonst hätten Sie am Sonntag ja auch gar nicht mitspielen dürfen. Leider! kann ich da bloß sagen, denn wenn Sie nicht gewesen wären, hätten wir haushoch gewonnen. Da können unsere Politiker reden und machen, da können Tausende von Sportlern für Deutschland ihr Letztes hergeben – so einer müden Ente wie Ihnen ist das alles egal. Die Dame ist ja zu fein, sich abzurackern! Und ob Deutschland lebt oder untergeht, das interessiert Sie weniger als der nächstbeste Strichjunge.

Sie werden wohl fragen, woher ich das alles weiß. Das werde ich Ihnen gerade auf die Nase binden. Weil ich aber lese, daß Sie auch übernächsten Sonntag wieder mit aufgestellt sind, will ich Ihnen bloß eins sagen: Mir ist einiges bekanntgeworden von einem Frankfurter Strichjungen (blond mit Lederjacke, namens Hansi – erinnern Sie sich?), den Sie noch nicht mal richtig bezahlt haben und der eine schöne Wut auf Sie hat und der gar nicht richtig schwul ist, bloß arm. Dem würde es nichts ausmachen, zur Polizei zu gehen bzw. alles zu sagen, wenn einer die Presse verständigt. Ein sehr Minderjähriger war bei Ihnen ja auch schon!
Und das sag' ich Ihnen: Wenn Sie wieder so spielen wie vorigen Sonntag und Deutschland wieder so reinreißen, dann sind Sie dran. Dann können Sie bald im Knast darüber nachdenken, was deutscher Sport heißt. Einen besseren Mann als Sie findet die Mannschaft noch immer, und Sie können sich dann an Ihren Zellengenossen aufgeilen. Das wird Ihnen besser bekommen als das Sportleben, wo Sie doch bloß immer ein Verräter sind. Haben Sie mich verstanden?

Ein deutscher Sportfreund

Beispiel 2
Kommunalpolitik ohne Beleidigungsbriefe ist undenkbar; dafür sind dem Bürger seine Sorgen zu wichtig. Er möchte aktiv in das Geschehen eingreifen.

BELEIDIGUNG EINES KOMMUNALPOLITIKERS

Herrn Stadtrat (Helmer), hier.
Was denken Sie sich eigentlich bei Ihren Plänen? Sie sind wohl ganz und gar von Gott und jedem Verstand verlassen! Sie haben natürlich einen Dienstwagen und einen Chauffeur, Sie großspuriger Nichtskönner, und brauchen keinen Parkplatz. »Die Bäume auf der Theaterstraße stehenlassen und durch Neuanpflanzungen ergänzen« – daß ich nicht lache! In Ihrem leeren Kopf sitzen wohl noch die Blut-und-Boden-Vorstellungen der Nazis! Und in solchen Sachen waren die noch vernünftiger als Sie, siehe Autobahnen.
Ich muß die Theaterstraße jeden Tag mehrmals passieren, und wegen meines Berufs brauche ich da sehr oft einen Parkplatz. Aber da stehen ja Bäume. Da wäre Platz genug für sehr viele Autos, die jetzt in den Nebenstraßen alles blockieren, besonders wo lauter Einbahnstraßen die Innenstadt zu einem Dorf machen, wo ich mich schäme, wenn ich ausländische Gäste habe, was sehr häufig vorkommt. Ihre Drecksbäume sind von denen noch nie bewundert worden.
Außerdem machen diese Biester auch noch Kosten mit all den Blättern jedes Jahr, und gefährlich wird die Theaterstraße dadurch auch wegen Rutschgefahr. Aber Menschenleben sind Ihnen ja piepe. Sie Mörder! Jawohl, Sie sind kein Kommunalpolitiker, sondern ein Kommunalmörder, und ein schwachsinniger dazu! Motto: »Waldsterben nein, Bevölkerungssterben ja!« Entzückend! Ich habe jetzt meinen siebten Wagen und verstehe was vom Verkehr. Ich zahle zehnmal soviel Steuern wie Sie, wenn Sie überhaupt welche zahlen, und kann mir wohl erlauben, ein Wort mitzureden, statt jeden Tag Ihre beschissenen Ansichten am eigenen Leib spüren zu müssen, wenn ich auf die Theaterstraße komme. Wer hat bloß erlaubt, daß

Sie immer solchen Quark verzapfen dürfen? Das ist wohl die vielgepriesene Demokratie, was? Stecken Sie sich Ihre Bäume an den Hut, Sie Spinner! Gehen Sie doch in den Urwald, da sind Bäume genug, da können Sie Ihr Gehirn auslüften! Bei der nächsten Wahl sehen Sie mich jedenfalls nicht, mit Ihren Plakaten können Sie sich den Hintern abwischen! Wenn die Theaterstraße nicht bald bereinigt wird, werden Sie noch mehr von mir hören, darauf können Sie sich gefaßt machen, Sie Rathaus-Schimpanse von Doofmanns Gnaden!

Ein Autofahrer

Beispiel 3 und 4
Auch im Leben des Geistes geht es gelegentlich nicht ohne heftige Worte ab. Solchem Zweck dienen die beiden folgenden Muster.

EIN LYRIKER WIRFT EINEM LYRIKER PLAGIATABSICHTEN VOR

Sehr geehrter Herr,
ich hatte bisher nicht das Vergnügen, Ihre hie und da in die Höhe gelobten Elaborate zu studieren, und ich hoffe, mir dies auch künftig ersparen zu können. Wohl aber ist mir nun von befreundeter Seite klargemacht worden, mit wessen geistigem Eigentum Sie Ihren Namen ins Gespräch bringen.

Es gibt ein Opus von Ihnen, das heißt: Abend am Mittelmeer. Darin wird der Mond bezeichnet als »gelber Lackschuh«. Wie Ihnen bestens bekannt, habe ich in meinem Gedicht »Nacht in Oslo« für den Mond das Bild »gelblicher Stiefel« verwendet. Daß Ihnen kein originelles neues Bild für den Mond einfällt, kann ich begreifen; daß Sie meines übernehmen, wird mir Anlaß zu gerichtlicher Auseinandersetzung sein.

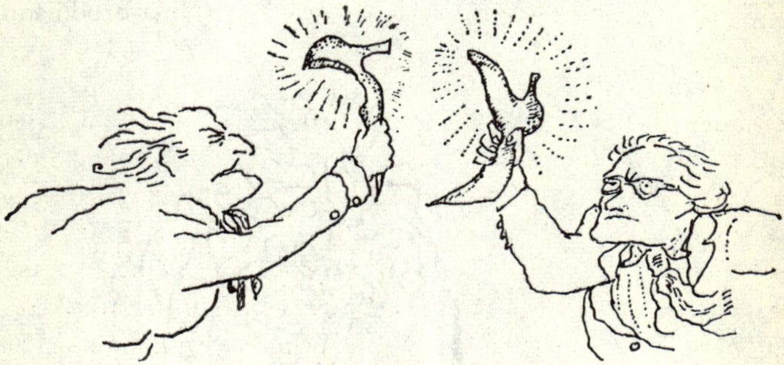

Um so mehr, als dies nicht der einzige Fall ist. Weitere Beispiele aus Ihrem letzten Band: »Traurige Schwalben« (bei mir: Schwalbenvögel voll Trauer), »Blindheit des Ödipus« (bei mir: Ödipale Entaugtheit), »Stahlwolken« (bei mir: Gedrahteter Himmel) usw.
Mein Anwalt ist verständigt.

(Johannes Krumpfe)

EINE WITWE DROHT EINEM KRITIKER

Herr (Gliebe),
in Ihrer Kritik (L. Z., 20. 1.) von der Oper »Minos« meines verstorbenen Gatten haben Sie behauptet, der Komponist habe in dem großen Früchte-Chor »heidnische Sinnenlust« zum Ausdruck bringen wollen; daran habe die Regie vorbeiinszeniert, ja das ganze Stück »vom falschen Ende her aufgezäumt«, wie Sie die Geschmacklosigkeit haben, sich auszudrücken.
Als Verwalterin des Nachlasses von Franz Thomas Brodmann und

als seine lebenslange Ehegefährtin teile ich Ihnen mit: Für derartige Dinge wie »heidnische Sinnenlust« hat Franz Thomas Brodmann niemals auch nur das geringste übrig gehabt; sein ganzes Werk ist von einem tiefen Ethos getragen. In diesem Sinne ist auch die Inszenierung vorgenommen worden, die ich im Geiste des Komponisten kontrolliert habe. Wenn Sie Ihre infamen niedrigen Unterstellungen nicht zurücknehmen, werde ich Klage gegen Sie erheben, u. a. wegen Verunglimpfung des Andenkens Verstorbener.

(Nina Brodmann)

VII. Entschuldigungsbriefe

Die Höflichkeit und eigener Vorteil gebieten es, daß wir uns dann und wann entschuldigen. Das Wichtigste bleibt: der Entschuldigungsbrief muß den Eindruck erwecken, daß es uns vollkommen ernst mit der Entschuldigung ist. Dazu gehört manchmal ein wenig Selbstüberwindung, doch sollte die angesichts des guten Zwecks nicht schwerfallen.

Beispiel 1
Einer der häufigsten Anlässe für einen Entschuldigungsbrief ist heute der, daß ein Mann die Notwendigkeit einsieht, sich für falsche Einstellungen und Verhaltensweisen gegenüber der weiblichen Bevölkerung zu entschuldigen.

ENTSCHULDIGUNG WEGEN CHAUVINISMUS

Liebe Frau (Häberle)!
Es war mir eine große Freude, Sie gestern in dem Publikum meiner Dichterlesung zu sehen. Diese große Freude beherrscht mich auch jetzt noch, denn Ihre häufigen Buh-Rufe haben mir sehr vieles klarwerden lassen. Ich begreife, daß ich in meinen Arbeiten neue Wege gehen muß, und ich bitte Sie – Sie und alle Frauen dieser Welt – um Entschuldigung für meine chauvinistischen Irrwege, die die gestrige Lesung beherrschten. Denn tatsächlich ist ja meine Erzählung, in der die Häßlichkeit einer Frau die Hauptrolle spielt, ebenso frauenfeindlich wie das Gedicht über eine hinreißend schöne (also Sexualobjekt seiende) Frau; die Geschichte, die nur von Männern handelt, nicht weniger frauenfeindlich als die, wo die Frau dem Mann unterlegen ist, und auch als die, in der eine Frau einen Mann wie einen Putzlappen behandelt. Besonders frauenfeindlich

auch die Story über die Frau, die nach einem Mann für Sex sucht, und jene andere Story, in der eine Frau nach Sexfreuden ohne Männer strebt. Am frauenfeindlichsten vielleicht das lange Gedicht, wo eine radfahrende Nonne den Fahrradsattel genießt (sie braucht wohl einen Kerl?), und ebenso das kürzere Gedicht, in dem eine Radfahrerin ans Einkaufen denkt!
Ich bin heute sicher: Ich will und werde nichts Frauenfeindliches mehr schreiben! Falls ich mich überhaupt weiterhin schriftstellerisch betätige, werde ich wohl endlich einmal Themen aus dem bunten Reich der Mineralien zu gestalten versuchen.
Dank also, und: Bitte, entschuldigen Sie den gestrigen Abend!

Ihr (Wolfram Kindl)

Beispiel 2
Auch im politischen Raum geht es manchmal nicht ohne Entschuldigungsbriefe ab. Allzuleicht entwischt einer im politischen Leben stehenden Persönlichkeit eine Äußerung, die von irgend jemandem als Kränkung aufgefaßt wird. So kann es bei der raschen Entwicklung der Parteien dazu kommen, daß etwa ein SPD-Politiker mit einem Marxisten oder ein Herr von der CSU mit einem solchen der CDU verwechselt wird. Auf diese beiden Fälle ist das folgende Muster zugeschnitten; für den zweiten Fall (CSU) gilt das, was in den Klammern steht.

ENTSCHULDIGUNG WEGEN KRÄNKUNG EINES PARTEIPOLITIKERS

Sehr geehrter Herr Abgeordneter!
Ich bedaure außerordentlich, Ihren Protest herausgefordert zu haben, dadurch daß ich Sie als Marxisten (CDU-Politiker) bezeichnet habe, obwohl mir bekannt sein mußte und natürlich auch ist, daß Sie der SPD (CSU) angehören. Bei der hitzigen Diskussion auf der Evangelischen Akademie in Bad Tutzing habe ich im Eifer des Gefechts Ihre Person tatsächlich in die Nähe der Marxisten (der CDU) gerückt – es war einfach eine Verwechslung, mit der ich Sie

wirklich nicht kränken wollte; jede solche Absicht lag mir fern.
Zwar wissen wir beide, daß es unter Ihren Parteifreunden noch oder wieder den einen oder anderen gibt, der mit marxistischen (christlich-demokratischen) Vorstellungen liebäugelt, doch sind diese wenigen wirklich weder signifikant noch gar bestimmend für die politische Linie Ihrer Partei. Um so mehr verstehe ich, daß meine Äußerung Sie ganz persönlich getroffen hat, denn gerade Sie gehören ja zu den Persönlichkeiten der SPD (der CSU), denen alles Marxistische (alles Christlich-Demokratische) von jeher suspekt gewesen ist und die entscheidend dazu beitragen, ein dem mündigen Wählerwillen zahlreicher Bürger sympathisches Gesicht Ihrer Partei zu prägen.
Ich versichere Ihnen nochmals, daß ich Sie nicht habe kränken wollen und meine Äußerung bedaure. Ich stelle Ihnen anheim, ob Sie Ihrerseits diese Richtigstellung der Öffentlichkeit zugänglich machen wollen; andernfalls würde ich sie zu Wochenanfang unserem Pressedienst übergeben.

Mit freundlichen Grüßen
Ihr (Kurt Walter, Verbandspräsident)

Beispiel 3
An der Universität sind Entschuldigungsbriefe oft das einzige Mittel, zu letzter wissenschaftlicher Klarheit zu gelangen. Auch hier gilt: man schreibe lieber einen Brief zuviel als einen zuwenig.

ENTSCHULDIGUNG BEI EINEM PROFESSOR

Hochverehrter Herr Professor!
Es tut mir sehr leid, im Hauptseminar am Montag durch meine unbedachten Meinungen und voreiligen Schlüsse Ihren Zorn erregt zu haben. Ich möchte Sie hiermit höflichst um Entschuldigung dafür bitten, daß ich Ihnen mehrfach widersprochen habe, ohne meine irrigen Behauptungen auch nur im mindesten begründen zu können.

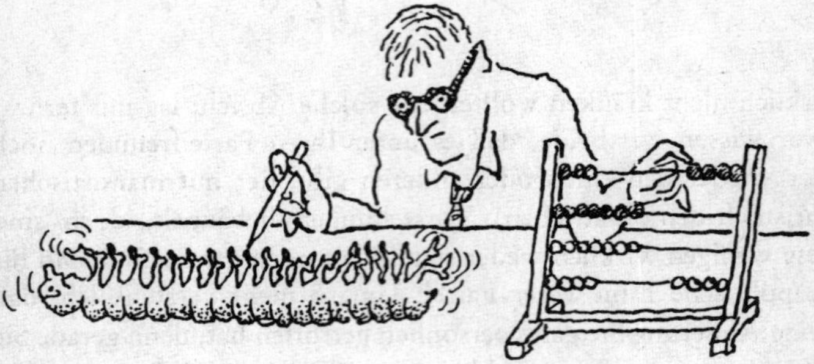

Es ist mir vollkommen unerklärlich, wie ich als Bafög-Empfänger mich zu diesen wissenschaftlich unhaltbaren Äußerungen habe hinreißen lassen können. Um so unerklärlicher, als ich ja in meiner Prüfungsarbeit unternehmen will, Ihre »Theorie des Tausendbeiners« anhand des Riesenskolopenders abermals zu erhärten und gegen verschiedene neue Angriffe zu verteidigen. Wie ich im Seminar plötzlich dazu kam, einige Gründe für die Hypothese der orthodoxen Schule darzulegen, derzufolge keine Tausendbeiner-Art mehr als 200 Beinpaare hat, bleibt mir unerfindlich – schon während ich sprach, hatte ich das Gefühl, etwas unheimlich Albernes zu sagen; daß ich trotzdem weitersprach, will mir heute als das erscheinen, als was es Ihnen erschienen sein muß: als ein linksradikaler Anflug unverschämter, unwissenschaftlicher Besserwisserei.
Ich habe mich gleich nach dem Seminar zu Hause noch einmal in Ihre letzten Arbeiten vertieft und war gerade von der vollkommenen Richtigkeit Ihres Aufsatzes »Die Unzählbarkeit der über die Zahl

200 hinausgehenden Tausendbeiner-Beinpaare« wiederum restlos überzeugt, wie ich es von jeher war. Um so mehr beschämten und beschämen mich meine Auslassungen in Ihrem Seminar. Besonders unglücklich bin ich auch darüber, daß ich in der Sitzung den Tausendbeiner wie einige Vertreter der orthodoxen Schule als »Tausendfüßer« bezeichnet habe, obwohl ich seit langem weiß, daß diese Bezeichnung ganz und gar falsch ist.

Ich möchte Sie bitten, hochverehrter Herr Professor, mein Verhalten noch einmal zu entschuldigen, obwohl ich weiß, daß es dafür keine Entschuldigung gibt, wenn man nicht den Unfalltod meiner Eltern am Abend vorher als eine solche ansehen will. Ich wäre Ihnen dankbar, wenn Sie mich weiter als den ansähen, der ich wirklich bin:

Ihr getreuer Schüler (Konrad Kunze)

Beispiel 4

Jedem Politiker, Schriftsteller, Journalisten, ja nahezu jedem Bürger kann es leicht einmal geschehen, daß er mit einer beliebigen Äußerung, in der das Wort Bayern vorkommt, das bayerische Volk beleidigt. Nach einiger Zeit wird er sich gezwungen sehen, sich bei dem Ministerpräsidenten, dem bayerischen Volk insgesamt oder einzelnen Bürgern, die für die Gesamtheit stehen, zu entschuldigen.*

ENTSCHULDIGUNG WEGEN BELEIDIGUNG DES BAYERISCHEN VOLKES

Sehr geehrter Herr (Schwaigelböck)!

Sie haben recht: Meine Bemerkungen über Bayern waren für jeden bayerisch Denkenden eine bodenlos dumme Gemeinheit, die bloß ein saupreußischer Rotzlöffel und Hosenbrunzer wie ich vom Stapel lassen konnte. Bitte, entschuldigen Sie, daß ich arroganter und

*) Die im folgenden Muster vorkommenden Munterkeiten sind sämtlich Originalwendungen aus bayerischen Originalbriefen, empfangen von Felix Rexhausen.

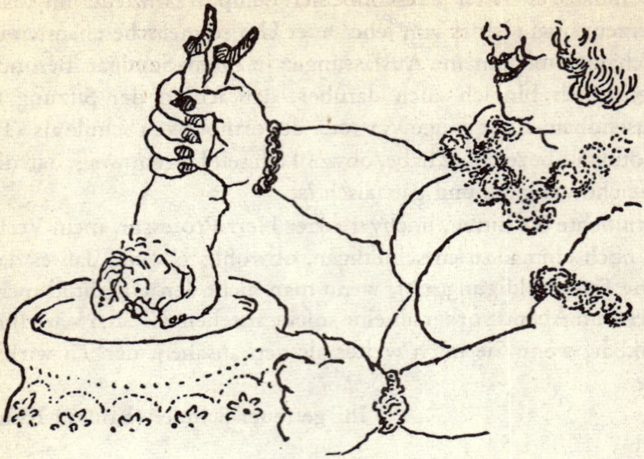

degenerierter Blödling nun auch noch die hinterfotzige Unverschämtheit besitze, Sie wegen jener Äußerungen um Entschuldigung zu bitten.
Ich bin mir vollkommen darüber klar, daß die einzig richtige Sühne die wäre, mich, wie Ihre Freunde vorschlagen, von Ihnen in Scheiße tauchen oder aber mich von Ihrer Gattin verprügeln zu lassen. Allerdings sieht Ihre Gattin richtig voraus, daß dabei schon der zweite Schlag Leichenschändung wäre, und weil ich niemanden in die Versuchung zu solcher Sünde bringen möchte und außerdem glaube, daß ein so kurzes Vergnügen für Ihre Gattin überhaupt kein Vergnügen wäre, sehe ich von einer Reise zu Ihnen ab. Was aber das Eintauchen betrifft, so habe ich eine viel zu hohe Achtung vor dem bayerischen Vieh, als daß ich dessen Ausscheidungen durch den Körper eines stinkigen Preußen verunreinigt wissen möchte, nicht zu reden von der daraus folgenden Verseuchung der bayerischen Äcker.
Auch zu der »echt bayerischen Aussprache«, zu der Sie mich bitten, kann ich mich nicht entschließen, und zwar deswegen, weil die preußische Dreckfresse, die mich großes Schwein ziert, des Bayerischen nicht mächtig ist, und als Psychopath, als den Sie mich richtig diagnostiziert haben, sehe ich mich auch nicht in der Lage, diese

mir fremde Sprache noch zu erlernen. Bei Hinzuziehung eines Dolmetschers aber würde von einer echt bayerischen Aussprache wohl allzuwenig echt Bayerisches übrigbleiben; zudem könnte ich für einen nichtbayerischen Dolmetscher das Sicherheitsrisiko nicht übernehmen und bin andererseits überzeugt, daß kein Bayer sich bereit finden würde, sein seit 1400 Jahren kulturschöpferisches Volk dadurch zu verraten, daß er für mich abnormalen Krawallburschen und pharisäischen Schmutzfink dolmetscht.
So bleibt mir dekadentem Abenteurer nichts anderes übrig als die Entschuldigung, um die Sie mich nicht gebeten haben. Es leuchtet mir allerdings auch ein, daß Sie für die Entschuldigung eines ostangekränkelten schmierigen Idioten, dessen Vorfahren einst von deutschen Tunichtguten und Sorben im Haß gezeugt worden sind, kein Interesse haben – und von Ihrem Standpunkt aus zweifellos zu Recht, dafür sind Ihre Erfahrungen mit diesem Pack zu bitter. Dennoch lasse ich nun den Entschuldigungstext folgen:
Hiermit möchte ich Sie und andere Bayern höflichst um Entschuldigung dafür bitten, daß ich mich bei meinen Äußerungen über gewisse Ereignisse und Zustände im Freistaat Bayern nicht so ausgedrückt habe, daß Sie mich verstehen konnten.

Hochachtungsvoll!

VIII. Leserbriefe

Jeder, der regelmäßig seine Zeitung liest, hat den begreiflichen Wunsch, auch sich selbst einmal dort gedruckt zu sehen. So kommt es zu den Leserbriefen. Ehe man einen solchen schreibt, schaue man nach, auf welche Länge die Zeitung die Leserbriefe zusammenstreicht; auf diese Weise können wir erreichen, daß unser Brief im Gegensatz zu vielen anderen ganz abgedruckt wird, weil er die übliche Länge nicht überschritten hat. Jedenfalls aber gilt: Leserbriefe sollen kurz sein.

Beispiel 1, 2 und 3
Es folgen jetzt – beliebig kürzbare – Beispiele für die drei wichtigsten Leserbriefe, die am häufigsten geschrieben werden und darum auch für Sie und Ihre Zeitung besonders geeignet sind.

SIE MACHEN DDR-PROPAGANDA

Ich war sehr erstaunt, in Ihrer sonst ordentlichen Zeitung einen Artikel zu finden, in dem von »gewissen Vorzügen des planwirtschaftlichen Systems der DDR« die Rede war, und zwar ohne Ironie. Der Verfasser scheint sich für Stacheldraht zu begeistern, weil der billiger wäre als unsere Freiheit; großartig. Er beklagt sich, daß bei uns große Mengen junger Leute für sehr viel Geld zu Berufen ausgebildet werden, für die es keinen Bedarf gibt (Beispiel: Lehrer), und will einen Vorzug der DDR darin sehen, daß sie solche »unsinnige« Berufswahl nicht zuläßt. Ich zahle lieber viel zuviel Steuern auch dafür, daß die jungen Menschen in freier Willensentscheidung eine schöne Ausbildung mit späterer Arbeitslosigkeit wählen können, als dafür, daß Millionen Menschen vollkommen gegen ihren Willen unzufrieden sein müssen. Wenn Ihre Zeitung diesen Knechtschaftsapostel mehrfach beschäftigen sollte, werde ich die Anzeigen für meinen Salon »Harvard-Frisuren« bei Ihnen streichen!

(Bernard Roberts)

UNTERSCHIEDE SIND UNTERSCHIEDE

Die Zahlen über die Mordopfer der Nazis in den europäischen KZs genügen Ihnen wohl nicht. In Ihrer gestrigen Ausgabe vermengen Sie diese Bedauernswerten mit der Tatsache, daß »von 1941 bis 45 3,2 Millionen russische Kriegsgefangene (=57,8%) in deutschen Lagern umgekommen sind«. Diese waren aber erstens also Kriegsgefangene. Zweitens sind sie als primitives Menschenmaterial zum großen Teil schon halbverhungert und todkrank von Stalins Kommissaren an die Front geprügelt worden gegen den hochzivilisierten Westen. Und drittens kann man das Ableben eines solchen sowjetrussischen Kriegsteilnehmers eben überhaupt nicht vergleichen und verquicken mit dem millionenfachen Ermordetwerden Unschuldiger, auf die darum ja auch sehr zu Recht mit öffentlichen Worten der Scham und des Gedenkens hingewiesen wird. Wer diese Unterschiede nicht sieht, der ist blind bis zur Unmenschlichkeit!

(Günter Jakobs)

SÜDAFRIKA MUSS SO SEIN

Ihr Artikel ist reine Propaganda. Wollen Sie für Südafrika so Zustände wie bei den amerikanischen Rassenkämpfen oder wie im Kongo? Die Regierung dort macht mit den Negern, was sie kann, aber diese sind kriecherisch einerseits, undankbar andererseits und außerdem aufgehetzt von Leuten wie Ihnen! Auch die Neger sind bloß eingewandert, und alle Leistungen sind von den Weißen. Da ist Apartheid die einzige Lösung. Außerdem haben die Südafrikaner wohl etwas mehr Erfahrung mit dem Charakter der Schwarzen als Sie. Wenn hier eines Tages mal fünfmal soviel Farbige lebten wie Deutsche, würden Sie wohl auch das Schießen lernen und die Neger abschieben, wo Sie nichts mit ihnen zu tun haben. Aber sich das

vorzustellen, sind Sie möglicherweise zu dumm. Ich kann Sie bloß bedauern. Dort wird so ein Quatsch wie Ihrer gleich verboten, das ist auch das einzig Richtige. Außerdem sind die Neger in Südafrika glücklicher dran als die meisten Nachkommen der Flüchtlinge und Vertriebenen hier, das weiß ich aus meiner eigenen Erfahrung. Schreiben Sie lieber darüber, statt sich in Sachen zu mischen, von denen Sie nichts verstehen!

(Herta Preuß)

Beispiel 4
Die kürzesten Leserbriefe allerdings schreibt man in einem anderen Fall.

BRIEFE AN DIE SOGENANNTE BILDZEITUNG

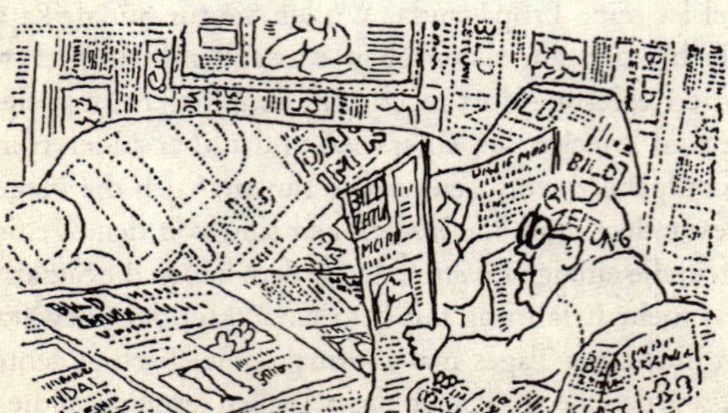

a) DIE ZEITUNG

Ich habe gehört, Herr Springer wollte jetzt »im Hinblick auf Leserbedürfnisse« eine Zeitung gründen, die ihm nicht gehört. Ich möchte ihm aber abraten, denn ich weiß aus eigener Erfahrung: Nur wer die Macht hat, hat die Macht, und das ist ohne Privateigentum nicht möglich.

(Dr. Knut Häberle)

b) DIE LESER

Warum bringen Sie immer so viel über kleine Leute, oft aus dem einfachsten Milieu? Bitte, ändern Sie das doch.
Sie kommen einem manchmal schon richtig kommunistisch vor.

(Frau Irene Poldner, Poldner-Werke)

c) DIE TODESSTRAFE

Ich wollte, unsere Minister wären auch mal als Dreijährige vergewaltigt worden und erwürgt. Dann würde die Humanitätsduselei aufhören. Die Todesstrafe ist nur noch meine einzige Hoffnung.

(Heinz Wanke)

d) DIE MAUER

Leute, die immer wieder in die Sowjetzone fahren, dürfen wir gar nicht wieder herlassen. Wer die Mauer liebt, soll dahinter umkommen (frei nach der Bibel)!

(Gustav Böhlers)

e) DAS TIER

Dem Kerl, der den Schäferhund »Axel« am Schwanz gerissen und dann noch an den räudigen Oberschenkel getreten hat, gehört

dasselbe getan, bloß noch viel stärker, daß er liegenbleibt. Dann wird er sich künftig hüten, gegen Gottes Natur zu sündigen.

(Ernst und Johanna Krohn)

f) EIN SPRICHWORT

Zu Ihrer Meldung betreffs Opiumraucher-Hochzeit in Schickeria-Kreisen fiel mir ein Sprichwort von meiner Großmutter ein: »Wer hintenrum naht, kommt vornerum spat.« Auf Ihre Meldung angepaßt, ganz kurz: Vorn ist nicht hinten und umgekehrt. Das wußten meine Kinder schon als Kinder!

(Erna Klein)

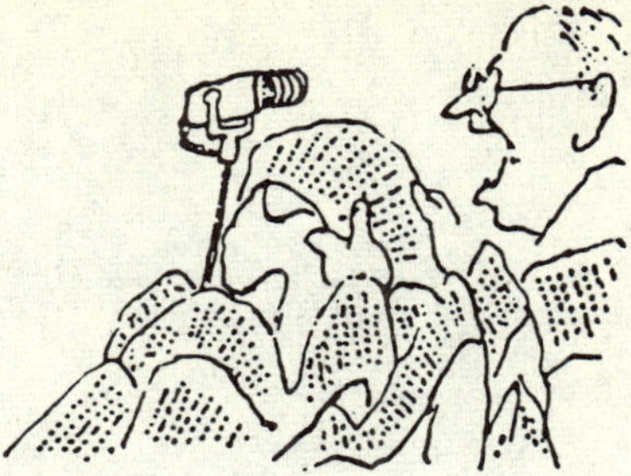

ZWEITER TEIL

ANSPRACHEN

DIE VERPFLICHTUNG ZUR ANSPRACHE

Ohne Ansprache wäre das menschliche Miteinander öd und leer. Der Brief, von dem in dem ersten Teil unserer Sammlung die Rede war, dient ja nur dem Kontakt zwischen zwei Menschen, dem Schreiber und dem Empfänger; die Ansprache aber dient dem Kontakt zwischen vielen Menschen. Der Redner schafft nicht nur Kontakt zu der ihm lauschenden Menge, er läßt die Zuhörer auch einander näherkommen, besonders seelisch und, je nachdem wie und wo er spricht, auch körperlich.

Nicht umsonst wird die Ansprache denn auch von alters her gepflegt. Bekannt ist z. B. die Sitte der norddänischen Steinzeitmenschen von Ackersbrokaler, bestimmten Kindern, die für die Rednerlaufbahn auserwählt waren, den rechten Zeigefinger zu versteifen, der noch heute bei Ansprachen als ein geradezu magisches Instrument der Kontaktherstellung dient (es sei hier nur an so manchen einstigen Bundeskanzler erinnert). Nicht umsonst wird selbst bei kleinen familiären Anlässen ans Glas geklopft, um Aufmerksamkeit für eine Ansprache zu wecken, und nicht umsonst hielt Franziskus den Fischen eine Ansprache, als er mit ihnen einen über das Alltägliche hinausgehenden Kontakt begründen wollte.

Wer also glaubt, er brauche keine Ansprachen zu halten, und sich dieser Verpflichtung entzieht, der verweigert sich seiner eigenen Menschwerdung, die ja erst durch das Aufgehen in einer Gemeinschaft, durch den Kontakt mit den vielen anderen erreicht wird.

»Wer sich der Ansprache entzieht, entzieht sich sich selbst«, hat einmal ein großer Mann gesagt, und man könnte ergänzen: er untergräbt auch den menschlichen Daseinsgrund überhaupt.

Kurz: Wir halten Ansprachen, wann und wo immer sich eine Gelegenheit dafür ergibt. Der oft gehörte Einwand aber: »Ich kann ja nicht reden« wird durch die nachfolgenden Überlegungen und durch die später gegebenen Vorlagen auch bei Ihnen ein für allemal gegenstandslos werden.

Zunächst: Ansprachen sollen so lang sein, daß die Zuhörer wirklich gefangen werden, und so kurz, daß sie nicht ermüden. Besser hält man in kurzem Zeitabstand zwei Ansprachen von mäßiger Länge als eine zu lange auf einmal.

Zweitens: Wir sprechen laut, brüllen aber nur an wenigen, dafür geeigneten Stellen. Dadurch wird der Zuhörer mitgerissen. Bei manchen Ansprachen (z. B. auf Beerdigungen) empfiehlt sich das Brüllen überhaupt nicht; dort kann man etwa durch die außerordentliche Lautstärke plötzlicher Ergriffenheit in tiefer Stimmlage mehr ausrichten.

Wie deutlich wir sprechen, hängt vom Anlaß, von der Akustik des Raums und von unserer eigenen Kiefer- und Zahnstellung ab. Jedenfalls aber muß wenigstens ein Fünftel bis ein Drittel unserer Ansprache verstanden werden können, sonst läßt die Aufmerksamkeit der Hörer leicht nach. Je nachdem empfiehlt es sich, einige kurze Kernsätze bereitzuhalten, die man mit aller Kraft ganz klar und deutlich hervorstößt, damit alle Hörer das Wichtigste mitbekommen, z. B.: »Das wollen wir!«, »Gott ist groß!«, »Kultur ins Heim!«, »Goethe lebt fort!«, »Keiner soll hungern!«, »Sport stählt!« usf.

Sodann dürfen wir bei unserer Ansprache und ihrem Aufbau eines nicht vergessen: Jede Ansprache hat Anfang, Mittelteil und Ende. Das hört sich einfacher an als es ist. Der erste Teil des Anfangs ist meist schon durch die Anrede gegeben, dann aber wird es schwieriger.

Sehr gut kommt man in seine Ansprache hinein, wenn man beginnt mit der Wendung: »Wer hätte vor ... X Tagen (Monaten, Jahren) gedacht, daß heute ...«, und damit ist man schon bei dem Anlaß. Solche Verwunderung spricht die Zuhörer sofort an, sie wundern sich mit uns, und wir haben den nötigen Kontakt. Ein guter Anfang ist auch der Satz: »Wir sind in dieser Stunde hier zusammengekommen, um ...« und bei feierlichen Anlässen aller Art die Wendung: »Immer und überall fragt sich der Mensch, von jeher und heute besonders, fragt sich der Mensch ...«, und es folgt eine zu dem Anlaß passende Frage.

Der Mittelteil der Ansprache versteht sich von selbst, doch müssen

wir nach der ersten Hälfte des Mittelteils langsam daran denken, die Hörer auf den Endteil vorzubereiten, der bei einer Rede das Allerwichtigste ist. Wir beginnen also bereits hier mit ersten Steigerungen.
Der Endteil unserer Rede muß so aufgebaut sein, daß die Zuhörer nach unserem letzten Wort je nach dem Anlaß in jubelnden Applaus, in zu allem Ernst entschlossenen Beifall oder in die schon seit geraumer Zeit unterdrückten Tränen ausbrechen bzw. in besonderen Fällen vollkommen gelähmt dastehen bzw. -sitzen. Der Endteil einer Rede muß darum durch sich steigernde Wiederholungen, durch prägnante Formulierungen und durch ein immer häufigeres Beben unserer Stimme gekennzeichnet sein, sonst bleibt die erwünschte Wirkung leicht aus, was ein nicht wiedergutzumachender Fehler wäre.
Hinsichtlich der Ansprache insgesamt gibt es einen uralten und wegen seiner Sinnlosigkeit nie entschiedenen Streit: nämlich ob es besser sei, frei zu sprechen, oder ob man sich besser an ein Manuskript halten soll. In der Regel läßt sich sagen, daß die abgelesene Ansprache die schönere ist: der Redner vergißt nichts, hat alle Steigerungen klar vor sich, er bleibt, falls ihn nicht etwas ins Auge sticht, nicht stecken. Die Behauptung, abgelesene Reden seien eintönig, ist falsch; eintönig sind vielmehr die freien Reden, wo der Redner immer und immer auf derselben Sache herumreitet, weil er nicht mehr weiß, was er sonst noch sagen wollte. Der einzige Vorteil der freien Rede ist der, daß der Redner seinen Zuhörern ins Auge schauen kann; da sich eine Ansprache aber an das Gehör richtet und die Zuhörer ihre Ohren ja doch nicht zum Rednerpult wenden, ist der Ehrgeiz, zu ihnen hinsehen zu wollen, gänzlich unangebracht. Selbstverständlich wird auch der ablesende Redner allerlei Gebärden machen, und zwar mit allen Gliedmaßen einschließlich der Augen, damit die ihn ansehenden Zuhörer ein etwas bewegtes Bild vor sich haben, das ihnen hilft, die Ansprache besser zu verstehen. Allgemein ist zu sagen: Die freie Rede ist nur selten gut; dann allerdings kann sie wirklich gut sein, auch weil kein Papier raschelt.
Gleichgültig, ob wir unsere Ansprache ablesen oder ob wir uns – vielleicht mit Rücksicht auf ein Augenleiden – entschließen, sie frei

zu halten: wichtig ist, daß wir genügend viele Pausen machen für Beifall, Zwischenrufe, Lachen, stille Sekunden innerer Bewegung usf. In den nun folgenden Vorlagen sind diese Pausen und ihr jeweiliger Zweck an den betreffenden Stellen in Klammern ausdrücklich verzeichnet.

I. Traueransprachen und Grabreden

Die Ansprache an der Bahre wird für viele Menschen zumal in reiferen Jahren eine häufig gestellte Aufgabe. Wir entledigen uns dieser Aufgabe mit dem selbstverständlichen Ernst sowie mit Wärme und Takt. Es bedarf wohl keines besonderen Hinweises, daß wir uns dabei an die uralte goldene Regel halten, über einen Verstorbenen nichts Schlechtes zu sagen; kleine Eigenheiten und Schwächen des Verstorbenen dürfen gelegentlich erwähnt werden, aber nur, um ihn noch einmal in seiner uns so teuren runden Menschlichkeit zu zeigen. Im übrigen vermeide man als Redner, während der Ansprache sich von den eigenen Worten so rühren zu lassen, daß man zum Taschentuch greifen muß; ein gelegentliches Stocken oder gar Versagen unserer Stimme hingegen kann den Ernst und die Wirkung unserer Ansprache bedeutend steigern. Man wende dieses Mittel aber um so sparsamer an, je weniger man den Toten gekannt hat, weil sonst leicht ein falscher Eindruck entsteht.

Beispiel 1
Ein Schriftsteller wird bei seiner Beerdigung normalerweise von einem Berufskollegen gewürdigt.

GRABREDE AUF EINEN SCHRIFTSTELLER

Liebe Frau Elise Binder, Herr Regierungspräsident, Herr Oberbürgermeister, verehrte Trauergemeinde!
Ein Mann ist unserer Zeit, unserem Volk, ist uns allen entrissen worden, den wir alle verehrt und geliebt haben und dessen Tod

ihm selbst wohl am unglaubwürdigsten erschiene: in unserer Mitte steht die Bahre von Bertram Binder. (Ergriffenheit)
Es war im Frühjahr 1932, als ich in der Berliner Vossischen Zeitung eine kleine Erzählung las, die mit dem unvergeßlichen Satz begann: »Es war Herbst, und die Blätter fielen.« Ich weiß noch wie heute, daß jener Satz mich in überwältigender Weise ergriff – hatten wir doch bereits das Ende des Ersten Weltkrieges und allzu vieler überkommener Werte erlebt und spürten nunmehr den herbstgleichen Untergang vieler als demokratisch geltender Scheinblüten nahen. Mit wenigen Worten also umriß der eine Satz die ganze menschliche Gegenwart. Dieser Autor hatte etwas zu sagen: gewiß war er einer unserer Großen. Doch nein: die Erzählung stammte von einem mir unbekannten Mann. Dieser unbekannte Mann war Bertram Binder.
Es sollte noch ein halbes Jahr vergehen, ehe ich ihn selbst kennenlernte. Das einzige, was ich über ihn in Erfahrung bringen konnte, war, daß er als Deutsch- und Leibeserzieher in einer märkischen Kleinstadt lebte, vierundzwanzig Jahre alt, vier Jahre älter als ich, der ich also wohl einer der jüngsten seiner frühesten Bewunderer war. Wie es so oft in der Welt geht, kam uns ein Zufall zu Hilfe. Ich war ein äußerst, wenn auch durchaus nicht unkritisch interessierter Freund des Berliner Theaters; nach einer großen Premiere saß ich in einem Café und bemerkte plötzlich, daß ein ausdrucksvoll gedankentief dreinschauender jüngerer Herr meinen Schirm vom Haken nahm, offenbar in der Absicht, mit ihm das Lokal zu verlassen. Ich ging auf ihn zu, stellte mich vor und erklärte ihm, dieser

Schirm sei der meine. Nun hatte damals mein Jugendwerk, der Gedichtband »Fuge der Zeit«, gerade einiges Aufsehen erregt; so war mein Name ihm ein Begriff, und er sagte: »Entschuldigen Sie, mein Name ist Bertram Binder, mein Schirm wohl der andere, ich freue mich sehr, Sie kennenzulernen!« Meine Freude war nicht geringer, er setzte sich zu mir, wir hatten unser erstes langes gutes Gespräch miteinander. Bald darauf gab er seinen Lehrerberuf auf und zog mit seiner tapferen jungen Frau (Ein Aufweinen) nach Potsdam, um dort als freier Schriftsteller zu leben und zwar kümmerlich. Da aber machte sein erster Roman, »Waldwind in der Stadt«, ihn über Nacht berühmt und trug ihm den Vaterlandschafts-Literaturpreis der Stadt Oberholzheim ein.

Wie dieser erste spielen sämtliche Romane Binders in ländlichen Kleinstädten – immer aber ist die Kleinstadt bei ihm ein Symbol der Welt, ja des Universums. Mensch, Gott, Teufel sowie die Spannungen zwischen Vergangenheit und Zukunft, das alles ist dort versammelt zu großer Literatur. Und stets war sein Werk Deutung unserer Zeit von einem überzeitlichen, ja zeitlosen, gleichsam aristokratischen Standpunkt aus, und es ist und bleibt eben darum ein bleibendes, unabhängig von seinem jeweiligen Bekanntheitsgrad.

Nach der Machtergreifung Hitlers hat Bertram Binder von Anfang an den satanischen Charakter des ordinären Ungeists des NS-Regimes klarsichtig erkannt, und er hat fortan stets versucht, sich den Ehrungen zu entziehen, mit denen die Machthaber ihn als einen der Ihren ausgeben wollten. Er lebte mitten in Deutschland, ein fleißiger und vielgelesener Autor, doch er lebte hier in der inneren Emigration, und die Leser, die seine Bücher richtig zu lesen verstanden, wußten das. Bald nach Kriegsbeginn aber zog Bertram Binder dann die Konsequenz und sich ins ferne Dänemark zurück, um dort die Kulturarbeit der regierenden deutschen Behörden in seinem Sinn zu beeinflussen.

Nach dem Ende des Krieges stellte er seine ganze Leidenschaft in den Dienst der Aufgabe, von dem ihm überlassenen Turmhaus der Fürstlich Altartschen Besitzungen aus für den seelischen Wiederaufbau zu wirken: still seine Leser zum Schauen und Erkennen des Bleibenden zu führen durch das bleibende Wort, zu dem er sich erwählt wußte. Alle die seither vergangenen Jahrzehnte hat er so ausgeharrt, und nicht Mißverständnisse noch Anfeindungen noch die Zeitläufe selbst und ihre kurzfristigen Tageswirklichkeiten und Meinungsmoden konnten ihm etwas anhaben. Nur als eine selbstverständliche Ehrung seines Geistes erschien deshalb auch ihm selbst das jährliche Geburtstagskonzert der ebenfalls vielfach angefeindeten Bundeswehr vor dem Altartschen Turmhaus, und nicht umsonst hat der drahtige Greis jedes Jahr genickt, wenn der worthabende Zapfenstreichoberst ihn, Bertram Binder, als einen »Offizier des Bleibenden« bezeichnete.

Wir alle haben Bertram Binders Begeisterungsfähigkeit für sein Werk, haben seine Zähigkeit bewundert bis zu seiner letzten Stunde. Immer war er zutiefst zu tiefen Gesprächen aufgelegt, die er oft mit solcher Intensität führte, daß er sich das spitze Ende eines Pfeifenstopfers zentimetertief in den Schenkel bohrte, ohne es zu merken. Er glaubte an sich, in letzter vertrauensvoller Bescheidenheit. Viele seiner Schriftstellerkollegen – und dieses Urteil darf jemand wie ich sich wohl erlauben – suchen bescheiden aufzutreten aus Eitelkeit; Bertram Binder konnte manchmal eitel tun aus übergroßer Bescheidenheit. Denn Bertram Binder fühlte sich nur als der geringe Diener an seinem Werk.

Wer könnte je das bescheidene Lachen vergessen, das er so wundervoll lachte? Aber nun ist er fortgegangen, fort durch »jene Tür, an der das Leben endet«, wie er den Tod einmal so schön genannt hat. Mit dem Rest seiner Kraft noch hat er, vor dieser Tür stehend, hat der sterbende Bertram Binder seine treue Deutsche Dogge Senta an sich gezogen und hat ihr und damit uns sein letztes Wort ins Ohr gerufen: »Bienenhonig!« Ein Wort, in dem der ganze Sinn des Lebens dieses Einsammlers und Verwandlers des Bleibenden letztgültigst zusammengefaßt ist: »Bienenhonig!«

Bertram Binder, leb wohl! Dein Vermächtnis sei unser Auftrag, Dein Auftrag unser Vermächtnis! Lebe wohl! (Allgemeine Bewegung)

Beispiel 2

Wenn ein Beamter gestorben ist, so wird bei der Beerdigung in aller Regel auch ein ihm vorgesetzter Beamter aus seiner Behörde sprechen. Die Hauptrede wird freilich jemand anders halten (üblicherweise der Pfarrer); der Behördenvertreter würdigt den Verstorbenen dann lediglich als Beamten und Kollegen.

TRAUERANSPRACHE AUF EINEN AMTMANN

Verehrte Witwe, sehr geehrte Trauergemeinde!
Nur drei Jahre und siebeneinhalb Monate bevor er in den wohlverdienten Ruhestand treten sollte, (Aufweinen) ist der Landesfinanzverwaltungsamtmann Erich Gehle nun viel zu früh für immer von uns gegangen. (Bewegte Ergriffenheit)
Vor zwei Jahren noch konnten wir zusammen mit ihm sein vierzigjähriges Dienstjubiläum feiern; und niemand hat damals geahnt, daß Gott diesen allzeit lebensfrohen Menschen und tatkräftigen Arbeiter schon so bald aus unserer Mitte reißen würde. (Schluchzen)
Noch vor vierzehn Tagen saß er scheinbar kerngesund an seinem Schreibtisch, (Schluchzen) arbeitsam und zuverlässig, wie wir ihn von jeher kannten, erfüllt von der Bedeutung seiner Amtspflichten und von der stillen Vorfreude auf den Tag seiner Pensionierung. (Ergriffenheit)
Amtmann Erich Gehle hatte noch so viele Pläne. Erst zwei Monate vor seinem Tod nahm er die Umstellung unserer Registratur von Knebelordnern auf Klammerordner in Angriff; der Tod (Schluchzen) hat ihm diese Arbeit aus der Hand genommen. Für den Herbst

plante er, unsere Karteikarten mit Reitern zu versehen, und er freute sich auf diese Arbeit; nun wird ein anderer sie für ihn tun müssen. (Lange Ergriffenheit)

Wenn er aber von der Zeit seines Ruhestandes sprach, dann dachte er vor allem an seinen Wellensittich, (Schluchzen) dem er ein neues Bauer bauen wollte, und an den Blumenkasten auf dem Küchenbalkon, der seine ganze Liebe war und dem er sich dann endlich mehr zu widmen hoffte. Es ist anders gekommen. (Bewegte Ergriffenheit)

Zweiundvierzig Jahre hat Amtmann Erich Gehle unserem Staat gedient: vom ersten bis zum letzten Tage pünktlich, zuverlässig, genau, anständig, treu und pflichtbewußt. Pflichttreue war ihm das höchste, sein Beamteneid ihm das heiligste. Der Staatsdienst erschien ihm als der edelste aller Dienste, und sein Pflichteifer konnte bis zur Aufopferung gehen. Entdeckte er ungestempelte Papiere, so blieb er am Abend länger, um sie zu stempeln; sah er unbenutzte Formulare, die einen Knick bekommen hatten, so verzichtete er auf die Mittagspause, um sie zu glätten.

Vor allem aber war Amtmann Gehle auch ein stets hilfsbereiter Kollege. Stand irgendwo ein Fenster offen, er schloß es, und nicht nur seine Kollegen, auch die frierend hereintretenden Besucher waren ihm dankbar. War irgendeine Tür nicht verschlossen, Kollege Gehle suchte den Schlüssel und verriegelte sie. Konnte in der Kantine jemand sein Essen nicht ganz verzehren, Erich Gehle nahm es ihm hilfsbereit ab. (Ergriffenheit) Er schien nichts Schöneres zu kennen, als dazusein – immer dazusein für die Aufgaben, zu denen der Staat ihn rief, und dazusein für seine Kollegen und Vorgesetzten.

So hat mit Amtmann Erich Gehles Tod nicht nur unser Staat, sondern haben auch wir, seine Vorgesetzten und seine Kollegen, einen unersetzlichen Verlust erlitten. Gemäß seinem unerforschlichen Ratschluß hat Gott ihn zu sich genommen. Auf seiner letzten Ruhestätte (Schluchzen) liegt ein Kranz, den eine Schleife in den Farben unseres Landes ziert – der Dank seines Dienstherrn für die treuen Dienste eines unermüdlichen, opferbereiten Staatsdieners, des Landesfinanzverwaltungsamtmanns Erich Gehle. (Ergriffenheit) Wir werden das Andenken an Amtmann Erich Gehle in Ehren halten.

Beispiel 3
Wenn ein Generaldirektor oder der Inhaber einer großen Firma gestorben ist, so ist es üblich, daß bei der Beerdigung auch jemand aus der Firma zu Worte kommt, der ihn und seine Verdienste um die Firma würdigt. Dasselbe ist der Fall, wenn die Witwe eines Firmengründers beigesetzt wird; auch auf ihrem Begräbnis spricht ein Herr von der Geschäftsleitung (aber nicht der Sohn bzw. Firmenerbe).

TRAUERANSPRACHE AUF DIE WITWE DES FIRMENGRÜNDERS

Verehrte Trauergemeinde!
Hermine Selbachs Augen haben sich für immer geschlossen. Wer jemals das Glück hatte, in diese großen leuchtenden Augen zu schauen, der weiß wie wir alle: Hermine Selbach war eine hervorragende Frau.
Als Arthur Selbach die Selbach-Werke gründete, waren er und Frau Hermine gerade sechs Jahre verheiratet. Arthur Selbach hat oft erzählt, wie er damals immer wieder daran gezweifelt hat, ob er die Gründung einer eigenen Firma wagen sollte oder nicht, und wie es

da seine junge Frau war, die ihm mit Rat und Tatkraft und der Klugheit der Liebe über solche schweren Stunden hinweghalf. Noch kurz vor seinem Tode hat Konsul Selbach einmal bekannt: »Ohne meine Frau stünden die Selbach-Werke vielleicht heute noch nicht.«
Das Wohlergehen der Firma, der arbeitende Mensch, das gefährdete Mädchen, das Nachwuchsproblem der Stadtchöre, das leidende Tier, die Friedhofsgestaltung, die Ausschmückung des Kantinensaals – Hermine Selbach fühlte sich für alles verantwortlich. Diese natürliche, lebenskluge Frau war von unendlicher Tatkraft und je älter sie wurde, desto größer schien diese Tatkraft zu werden. An ihrem 85. Geburtstag noch, wir erinnern uns, ließ sie es sich nicht nehmen, ein Viertelstündchen zu den Pensionären zu gehen, die aus Anlaß dieses Ehrentages von der Firma zum Kaffee eingeladen waren, und noch keine Woche später nahm sie aktiv an einer Großveranstaltung der örtlichen Sektion des Welttierschutz-Bundes teil.

So ist Hermine Selbach ihr Leben lang gewesen. Sie fühlte sich verantwortlich. Das Wohl unserer Firma ging ihr über alles. Immer wieder kümmerte sie sich um die Kantine, wo allzuleicht unwirtschaftliches Denken und Verschwendungssucht sich breitmachten – sie kontrollierte, sie kritisierte, sie sorgte, daß Mängel abgestellt und Verbesserungen eingeführt wurden.

Ihr Anteil an dem Großwerden unseres Werkes ist bedeutend. Sie interessierte sich für alles, was die Selbach-Werke betraf: noch einen Tag vor ihrem Tod hat sie sich die Abrechnung der Betriebsweihnachtsfeier zeigen lassen. Denn sie fühlte sich verantwortlich – verantwortlich vor ihrem ewigen Richter, aber auch vor ihrem Gatten, dessen schwere Last sie zu teilen wünschte, und, als er verstorben war, vor seinem Andenken. Nicht umsonst war eines ihrer häufigsten Worte das Wort »Rechenschaft« – sie war sich in jedem Augenblick ihres Lebens bewußt, daß der Mensch Rechenschaft ablegen muß.

Wir alle haben Hermine Selbach verehrt, und es ist wohl niemand in den ganzen Selbach-Werken, den ihr so plötzliches Ableben nicht tief erschüttert hätte. Sie war von der Art der großen Landesherrinnen und Landesmütter – und so gelten ihr unser Dank und unsere Verehrung über das Grab hinaus. Und wenn gleich der von ihr geförderte Hermine-Selbach-Chor das alte Lied singt »Üb immer Treu und Redlichkeit«, wie sie selbst es sich gewünscht hat, dann ist dies das schönste Denkmal, das dieser feinen tapferen Frau gesetzt werden kann. Treue und Redlichkeit – wer je mit Hermine Selbach gesprochen hat, der weiß, daß sie die hervorragende Verkörperung dieser Worte war.

Und so lebt Hermine Selbach mit ihrem verewigten Gatten Konsul Arthur Selbach in unseren Herzen fort. Tief ergriffen, aber auch zutiefst dankbar neigen wir uns vor der Majestät des Todes, und bewegt geloben wir, in unserer Arbeit für die Selbach-Werke uns des Beispiels dieser großen Frau allzeit würdig zu erweisen.

Beispiel 4

Der Tod eines Rundfunkintendanten (wie überhaupt bedeutender Persönlichkeiten des öffentlich-rechtlichen Lebens) ruft stets eine ganze Reihe von Grabrednern auf den Friedhofsplan. Die große Hauptrede bei der Beisetzung des Intendanten einer Rundfunk- und Fernsehanstalt hält in jedem Fall ein Geistlicher der Konfession, der der Verstorbene angehört hat; er gibt, mit allen bedeutsamen Hervorhebungen an den passenden Stellen, die Biographie des Entschlafenen und würdigt ihn als Menschen, Familienvater, homo religiosus und Träger großer öffentlicher Verantwortung. Dann treten Vertreter der übrigen Gruppen und Kreise auf, die mit dem toten Intendanten zusammengearbeitet haben.

AUF DEN INTENDANTEN EINER RUNDFUNK- UND FERNSEHANSTALT

a) VON EINEM VERTRETER DER KATH. KIRCHE

– Spezielle und generelle Adressierung der Trauergäste – . . . Trauergemeinde!

Den Alten galt die Gerechtigkeit als die höchste Tugend. In der Heiligen Schrift ist das Wort völlig synonym mit dem Heiligen. Gerecht zu sein, ein Amt mit Gerechtigkeit zu verwalten – das ist

auch in der pluralistischen Gesellschaft unserer Tage und gerade heute von dem Menschen verlangt, dem große öffentliche Verantwortung übertragen ist.
Intendant Adalbert Sixtus, der nun seine Seele in die Hand seines Schöpfers zurückgegeben hat, Intendant Sixtus hat sein Amt in dieser Art groß gesehen und geführt. Das katholische Volk verliert in ihm einen großzügigen, einen verständnisvollen Helfer, einen gewissensstarken Hüter des christlichen Erbes und Beschützer der ethischen Fundamente unserer abendländischen Kultur.

Adalbert Sixtus wußte nur allzu gut, daß Rundfunk und Fernsehen, wie alle weltlichen Einrichtungen, zu Segen und Nutzen, aber auch zu Unheil und Verderben der Menschen sein können; er wußte, welche Macht über die Seelen diese Instrumente implizieren, worauf erst vor kurzem der Papst in seiner Enzyklika »Audienti vox« wieder hingewiesen hat. All sein Bemühen galt dem Ziel, mit den Werken der an sich wertneutralen Technik den Menschen an das Gute heranzuführen.
Von dieser Grundeinstellung her hat Adalbert Sixtus niemals geduldet, daß Redakteure seines Hauses die katholische Religion, ihre Wahrheiten und Einrichtungen, beleidigten oder verunglimpften, womit manche Leute glauben, billige Popularität erhaschen zu

können. So hat er etwa auch Polemiken über das angebliche Verhältnis Roms zu sogenannten Diktaturen oder zur Geburtenkontrolle, weil er von der verlogenen und feindseligen Haltung dieser Machwerke überzeugt war, trotz Drängens bestimmter Kreise weder gesendet noch in einer Sendung diskutieren lassen; wohl aber hat er, um der Informationspflicht des Senders zu genügen, den Jesuitenpater Ewald Prenzlau gebeten, die Hintergründe derartiger Angriffe und die wahren Fakten in einigen sechsteiligen Sendereihen zu analysieren.

Atheistische Propaganda, etwa in allgemeinen kulturellen oder zeitgeschichtlichen Sendungen, duldete er nicht, eben weil er um Objektivität und Gerechtigkeit bemüht war. Daß er sich damit Feinde schaffte, wußte er, aber ihm ging es um Höheres.

Die Berichterstattung von den unzähligen Papstreisen, von jeder Papstbesuchsminute bei uns, von den deutschen Katholikentagen, die großen Diskussionsreihen über kirchliche und geistliche Themen, die kirchlichen Nachrichten, der Kirchenfunk mit seinen vier täglichen Sendungen auf jeder Welle bzw. jedem Kanal – das alles wies Adalbert Sixtus als einen Mann aus, der sich seiner Verantwortung und seiner Verpflichtung, der sich seiner Macht zum Guten bewußt war.

Das katholische Volk trauert tief um diesen Intendanten. Wir werden Adalbert Sixtus nicht vergessen. Er ruhe in Frieden!

b) VON EINEM VERTRETER DER ARBEITGEBER

– Spezielle und generelle Adressierung der Trauergäste – . . . Trauergemeinde!

Wohl zu keiner Zeit war das Amt eines Rundfunkintendanten schwerer als in der unsrigen, die seit Jahrzehnten gekennzeichnet ist durch die weltweite Auseinandersetzung mit dem Kommunismus. Dieser besonderen Schwere seines Amtes war sich Intendant Adalbert Sixtus vom ersten Tage an bewußt. Vor allem aber hatte er ein ganz klares Gespür dafür, daß diese ständige Bedrohung unserer Freiheit nicht nur von außen her kommt, sondern daß sie immer auch von innen her gefährdet ist, nicht zuletzt durch moskaugesteuerte grüne Technikfeindschaft.

Die deutschen Arbeitgeber haben in all den Jahren, die Adalbert Sixtus dieses Amt innegehabt hat, gut mit ihm zusammengearbeitet. Er wußte, daß unsere freiheitliche wirtschaftliche und soziale Ordnung täglich neu erobert werden muß und daß das privatwirtschaftliche Unternehmertum ihre entscheidende Stütze ist. In einer unserer stets sehr fruchtbaren Unterhaltungen sagte er mir einmal: »Was Recht ist, muß auch Recht bleiben«, und in dieser Weise hat er sich immer gegen alle Versuche gewendet, klassenkämpferische und fortschrittsfeindliche Parolen von vorgestern wiederaufleben zu lassen.

Mit solchen Versuchen konnte er in seiner geraden, entschiedenen Art sehr kurzen Prozeß machen. Als er erfuhr, daß ein Redakteur eine Sendung unter dem Titel »Die Reform der Wirtschaft – Lehren für Deutschland« vorbereitete, wies er ihm andere Aufgaben zu, und eine klassenkämpferische Sendung über die angebliche Vermögenskonzentration in der Bundesrepublik und über die Vermögensbesteuerung ließ er noch eine Stunde vor der Ausstrahlung absetzen. Gegen einen »alternativen« Chansonnier, der sich nicht zu schade war, in einem dümmlichen Couplet einen Generaldirektor als Diktator hinzustellen, erließ er nach Anhörung einiger unserer Herren kurzerhand Hausverbot. In der Verteidigung der Freiheit war er konsequent und unerbittlich, so konzilliant er sonst war.
Die ausgewogene Berichterstattung des Senders über Aufgaben und Anliegen der deutschen Industrie und der Arbeitgeber war unter der Führung von Intendant Adalbert Sixtus von vorbildlicher Aus-

führlichkeit und Objektivität, und wir haben das stets zu schätzen gewußt.
Adalbert Sixtus war ein Diener der Freiheit. Wir verneigen uns vor seinem Andenken.

c) VON EINEM VERTRETER DER GEWERKSCHAFTEN

– Spezielle und generelle Adressierung der Trauergäste – ... Trauergemeinde!
Der Abschied von Intendant Adalbert Sixtus ist wohl für alle, die ihn gekannt haben, ein schwerer Abschied. Ein schwerer Abschied auch für die deutschen Gewerkschaften. Intendant Sixtus war – und Höheres kann man über ihn nicht sagen – Intendant Adalbert Sixtus war ein Mensch, ein Mensch im besten und vollsten Sinne dieses Wortes, und in all seiner Arbeit ging es ihm um den Menschen. Der Mensch, der hoffende, leidende, schaffende Mensch war der Mittelpunkt seiner Bemühungen, immer hat er den Menschen an den Anfang und das Ende seiner Arbeit gestellt und all sein Bestreben nach ihm ausgerichtet. Der Mensch unserer Zeit war es, den er niemals aus dem Auge verlor, der Mensch in Beruf und Erholung, Tätigkeit und Freizeit.
In einem Vortrag vor einem Gewerkschaftskongreß hat Intendant Sixtus einmal das Bekenntnis abgelegt: »Wenn ich meine Arbeit als Intendant nicht auf den arbeitenden Menschen abstellte, wäre meine Arbeit wertlos.« Das war aus seinem Munde keine Phrase; dieses Bekenntnis hat er in seinem Leben täglich verdeutlicht. Es war ein Bekenntnis zur Ausgewogenheit!
Ich erlaube mir, in diesem Zusammenhang an die großartigen Reportagen über die letzten Gewerkschaftskongresse zu erinnern, die er entsprechend einer Vereinbarung mit uns vollkommen ungekürzt senden ließ, sowie an die allabendliche Sendung »Das Lied der Arbeit« mit ihren zahlreichen Berichten aus der Betriebsratsarbeit und gewerkschaftlichen Stellungnahmen zu Fragen unserer Zeit. Ich erinnere aber auch an die Entschiedenheit, mit der er arbeiterfeindliche Sendungen von vornherein ablehnte; so hat er verschiedene unsaubere Reportagen über das Verhältnis der Arbeiter zu den Gewerkschaften, über den Gewerkschaftsbeitrag und eine Sen-

dung mit gehässigen Behauptungen über den Werdegang einiger Funktionäre rechtzeitig aus dem Programm entfernen lassen. Ein Kommentator, der sich über die Bank für Gemeinwirtschaft verbreitet hatte, mußte seinen Arbeitsplatz einem anderen freimachen. »Der soziale Friede ist höher als alle Vernunft«, sagte Intendant Sixtus uns damals, in zeitgemäßer Abwandlung einer alten Parole.

Denn, ich wiederhole, Adalbert Sixtus ging es um den Menschen und nur um den Menschen. Die Position, die sich die Arbeiter in den letzten Jahrzehnten erkämpft haben und weiter erkämpfen werden, auch im Programm seines Senders sichtbar zu machen, war ihm ein wesentliches Anliegen, in dem wir uns mit ihm einig wußten.

Mit Intendant Adalbert Sixtus ist ein großer, bedeutender Freund der deutschen Arbeiter dahingegangen. Trauernd stehen wir an seiner Bahre.

d) VON EINEM VERTRETER DER CDU (SPD, FDP)*

– Spezielle und generelle Adressierung der Trauergäste – ... Trauergemeinde!

Im Zeitalter der Massenkommunikationsmittel ist das politische Leben der Demokratie tiefgreifenden Wandlungen unterworfen.

An Stelle der antiken Agora, der mittelalterlichen Volksversammlung sind es nun die Massenkommunikationsmittel, die das politische Denken und das politische Gespräch führen und leiten und den Bürger als politischen Menschen aktivieren.
Und da sind es vor allem Rundfunk und Fernsehen, die eine außerordentliche politische Macht beinhalten. Die Verantwortung desje-

nigen aber, der für eine Rundfunk- und Fernsehanstalt als Intendant eingesetzt ist, ist somit vor allem eine politische Verantwortung. Dieser politischen Verantwortung war sich Intendant Adalbert Sixtus, dem wir heute das letzte Geleit geben, immer und zu jeder Stunde bewußt, und, wie ich selbst aus manchen Gesprächen mit ihm weiß, er hatte eine sehr hohe Auffassung von dieser Verantwortung. »Unsere Sache ist nicht die Meinung, sondern die ausgewogene Information!« pflegte er zu sagen, und aus diesem Sinn für Verantwortung heraus hat er sich im Laufe der Jahre von mehr als einem Mitarbeiter getrennt, der glaubte, er könnte in einer von allen Kreisen der Bevölkerung getragenen Anstalt wie dieser mit seiner mehr oder minder glanzvoll aufgeputzten Privatmeinung öffentlich

* Die Vertreter der Parteien halten durchaus gleichlautende Ansprachen. Wie in unserer Vorlage gezeigt, muß an einigen Stellen die entsprechende parteipolitische Bezeichnung je nach dem Redner variiert werden. Ein Vertreter der »Grünen« hält keine Ansprache, damit die Feier harmonisch bleibt.

ein eigenes politisches Süppchen kochen.
Intendant Adalbert Sixtus war Demokrat aus tiefster innerster Überzeugung, und eben darum schien es ihm ein undemokratisches Vergehen an dem Sinn seiner Anstalt, wenn jemand versuchte, einzelne Persönlichkeiten und Richtungen des öffentlichen Lebens, Exponenten und Programme der politischen Parteien oder deren Maßnahmen und Stellungnahmen über den Sender anzugreifen. Polemik und Attackierungssucht waren ihm verhaßt; er konnte in Rundfunk und Fernsehen keine Institution sehen, die um ihrer selbst willen da war, zur höheren Ehre einiger lautstarker Journalisten, Kabarettisten und Wörterdrechsler.

Die wenigen Male, da wir Christlichen Demokraten (Sozialdemokraten, Freien Demokraten) Beanstandungen vorbringen mußten, stellte sich immer heraus, daß Intendant Sixtus von dem entsprechenden Vorgang nicht unterrichtet gewesen war; in allen Fällen mußten die Mitarbeiter, die ihn in dieser Weise hintergangen hatten, die Konsequenzen ziehen. In den letzten Jahren hatte Intendant Sixtus den Sender von all solchen undemokratischen Elementen gänzlich frei und so fest in der Hand, daß von unserer Seite so gut wie gar keine Anlässe zu irgendwelchen Einwendungen mehr vermerkt wurden.

Immer aber, vom ersten bis zum letzten Tage, ist die Zusammenarbeit zwischen Intendant Adalbert Sixtus und der CDU (SPD, FDP) eine aufrichtige und freundschaftliche gewesen. Schönstes äußeres Zeichen dieser Freundschaft war die Einführung der täglichen Sendereihe »Die CDU hat das Wort« (»Hier spricht die SPD«, »Die Stimme der FDP«), die nun schon drei Jahre mit großem Erfolg läuft.

Wir hatten bei der Intendantenwahl seinerzeit in Adalbert Sixtus in der Tat den richtigen Mann für dieses große Amt gewählt: selten hat ein Mensch an einer Stelle politisch so diffiziler Verantwortung das relevante Vertrauen aller relevanten Bevölkerungskreise so sehr gerechtfertigt wie Intendant Sixtus.

In großer Bewegung nehmen wir Christlichen Demokraten (Sozialdemokraten, Freien Demokraten) von diesem außerordentlichen Manne Abschied. Seine lautere Persönlichkeit hat uns alle reich beschenkt. In tiefer Trauer geleiten wir ihn zu seiner letzten Ruhe.

e) VON EINEM VERTRETER DER VERTRIEBENEN

– Spezielle und generelle Adressierung der Trauergäste – ... Trauergemeinde!
In der schweren Zeit nach dem Zweiten Weltkriege, da uns seit mehr als vierzig Jahren ein Friedensvertrag verweigert wird, in solcher Zeit an führender Stelle der öffentlichen Meinungsbildung zu dienen, das ist eine Aufgabe, die vor allem ein klares Bewußtsein von der Lage des zerstückelten Deutschen Reiches erfordert.
Der nun allzufrüh heimgegangene Intendant Adalbert Sixtus hatte dieses Bewußtsein; seine Gedankenwelt und seine Arbeit waren davon geprägt. »Das ganze Deutschland soll es sein!« war eines der von ihm besonders geliebten Dichterworte, und »Das ganze Deutschland« heißt denn auch eine der Sendereihen, die wir im Laufe der Jahre von Intendant Sixtus eingerichtet bekamen.
Einer seiner Großväter war Schlesier gewesen; vielleicht darum fühlte sich Adalbert Sixtus den deutschen Ostgebieten besonders verbunden. So hat er beispielsweise die sechs Fernsehsendungen unter dem Titel »Die Kultur des deutschen Ostens in Vergangenheit und Zukunft« selbst angesehen und abgenommen, bevor sie ausgestrahlt wurden – nicht als ein politischer Taktiker, sondern als Deutscher, dem die deutsche Sache Herzenssache war. Um so weniger konnte er auf diesem ihm heiligen Gebiet gehässige Ironie oder den dümmlichen Spott linksintellektueller Geister oder gar Selbsterniedrigung, Selbstaufgabe und Verzicht vertragen. Das hat mancher in seinem Hause spüren müssen, und wenn Intendant Sixtus durch uns oder andere ein solcher Fall bekannt wurde, geriet sein heißes Herz in Empörung, und er griff zugunsten echter Ausgewogenheit rücksichtslos durch.
Intendant Sixtus war stets ein Freund der selbstverständlichen Aussöhnung mit den Oststaaten; er wußte aber auch, daß es mit dem Kommunismus keine Aussöhnung geben kann. Ja, daß es überhaupt keine Aussöhnung geben kann, solange von uns Verzicht erwartet wird. So stimmte er auch sofort zu, als wir anregten, eine regelmäßige Morgensendung, die zuerst unter dem Titel »Unverlierbare Heimat« geplant war, »Unverzichtbare Heimat« zu nennen; unter diesem Titel ist sie nun seit fünf Jahren zu hören. Fast genauso lange

erscheint im Abendprogramm des Fernsehens täglich die Sendung »Auf ewig unzerteilt«. Das sind nur einige der großen Leistungen des Verstorbenen. Wir Vertriebenen waren ihm auch für die ausführliche Berichterstattung von den ostdeutschen Tagen und Treffen immer ganz besonders dankbar, um so mehr, als er keine derartige Planung vornahm, ohne uns hineinzuziehen.
Das gesamtdeutsche Bewußtsein von Adalbert Sixtus möge jedem Deutschen ein Vorbild sein! Die Fahnen aller ostdeutschen Länder und Gebiete neigen sich vor seinem Andenken.

f) VON EINEM ANDEREN INTENDANTEN

– Spezielle und generelle Adressierung der Trauergäste –
... Trauergemeinde!
Diese Stunde, in der wir um die Bahre von Adalbert Sixtus versammelt sind, ist für uns alle eine schwere, schmerzliche Stunde, und besonders schmerzlich gewiß für seine Kollegen und Mitarbeiter, die ihn näher zu kennen und von Tag zu Tag mit ihm zusammenarbeiten zu dürfen das große Glück hatten.
Als wir die kaum faßbare Nachricht von seinem Ableben empfingen, waren wir tief bestürzt. Stand nicht noch auf unserem Kalender für morgen, für übermorgen der Termin »Besprechung mit Intendant Sixtus«? Konnte es wahr sein, daß dieser große Arbeiter, dieser unermüdliche schaffensfrohe Mensch zu keinem Termin mehr kom-

men würde? Es war wahr. Heute geben wir Adalbert Sixtus das letzte Geleit. (Stellenweise Ergriffenheit)
Ich möchte in dieser Stunde nur einige wenige Sätze über den bedeutenden Mann sagen, der Adalbert Sixtus uns gewesen ist.
Ich darf von meiner persönlichen Erfahrung sprechen. Unsere Pflichten haben uns oft zusammengeführt; stets aber waren unsere Gespräche mehr als sogenannter »Meinungsaustausch« berufsmäßiger Partner. Adalbert Sixtus war einer der wenigen, die noch zum guten Gespräch fähig waren, und jede unserer Unterhaltungen, mochten sie sich auch um scheinbar trockene Technica drehen, war ein fruchtbarer Gewinn, ein Erlebnis, dessen ein lebendiger Geist wie der seine sich wirklich freuen konnte. So war die Zusammenarbeit mit ihm immer ganz mühelos, ganz unangestrengt; nie habe ich erlebt, daß er zu irgendeinem Vorschlag von mir gesagt hätte »Das geht nicht« oder »Ich sehe keine Möglichkeit«. Dieser Mann, der die Programme seines Senders beherrschte wie ein Musikinstrument und der ebensoviel künstlerischen Instinkt wie schöpferische Phantasie besaß – Adalbert Sixtus sah dort, wo er Ausgewogenheit sich denken konnte, immer eine Möglichkeit.
Innerhalb seines Senders war Adalbert Sixtus ein vielbewunderter, verehrter, ja man darf sagen: ein in Ernst, Treue und Offenheit geliebter Vorgesetzter. Nichts haßte er so wie Ungerechtigkeit, nichts war ihm so zuwider wie Engherzigkeit. Von außen hat ihm diese Großzügigkeit, dieser unbedingte Wille zur Gerechtigkeit, dieses immer verständnisvolle Eingehen auf die Eigenheiten seiner Mitarbeiter, diese beharrliche Verteidigung der Freiheit und Selbständigkeit seiner Redakteure manche Kritik eingetragen; aber er blieb unangefochten auf dem Weg, den er einmal als den rechten und wahren erkannt und eingeschlagen hatte. Dank und Anhänglichkeit seiner Mitarbeiter waren ihm ein stets gewisser Lohn, auf den er dennoch nie spekulierte: ihm ging es um den ihm anvertrauten Menschen und um die ihm übertragene Sache.
Und das ist das letzte, was ich an dieser Stelle zum Ruhm des Verewigten aussprechen möchte: er war ein unbeugsamer Charakter, ein Mensch, dem Unabhängigkeit alles war, und der in Opportunismus und leichtfertiger Nachgiebigkeit den Tod aller schöpferischen Werte, ja der Freiheit selbst sah. Sooft er andere Menschen,

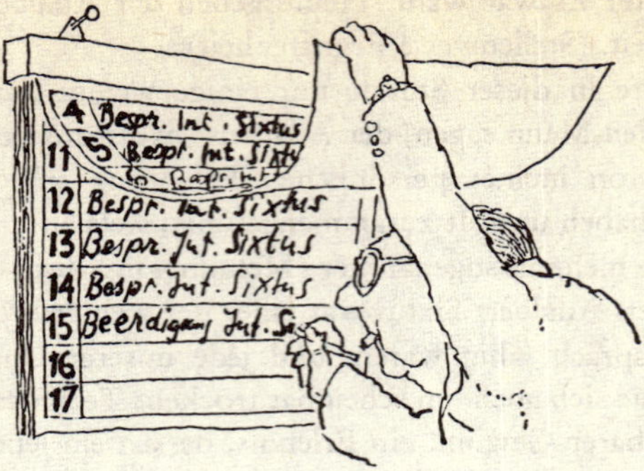

Politiker, Fachleute, Geistliche, Verbandsvorsitzende auch anhörte – und Sixtus konnte zuhören wie nur wenige –, eines behielt er sich vor: die ausgewogene Entscheidung. Nur so konnte er die profilierte Eigenständigkeit seines Senders und seiner Programme bewahren und immer mehr festigen. Unbeirrt von allen Interessenwünschen, unbekümmert um alle Gegnerschaft und Kritik tat er das, was er im Interesse des Senders und seiner Hörer und Zuschauer für richtig hielt. Diese Souveränität und Unabhängigkeit, diese Entschiedenheit, fest für das vor der eigenen Einsicht und dem eigenen Verantwortungsbewußtsein als richtig Erkannte einzutreten, diesen unbeugsamen Willen und diese Charakterstärke uns vorgelebt zu haben in einer Zeit, in der wie nie zuvor das Prinzip »Eine Hand wäscht die andere« gilt und immerzu nur das schmähliche Cui bono? in Frage steht – das war die eigentliche, ganz persönliche große Leistung von Adalbert Sixtus.

Mit leuchtenden Buchstaben ist sein Name eingetragen in die Geschichte der deutschen Rundfunk- und Fernsehanstalten. Wer ihn gekannt hat, wird ihn nie vergessen.

Beispiel 5

Ist ein Professor gestorben, so ist das Wichtigste, was ihm noch passieren kann, der Nachruf, den ein Kollege des Verstorbenen ihm widmet. Für diese Aufgabe ist die folgende Vorlage gedacht, die beliebig gedehnt werden kann.

NACHRUF AUF EINEN GELEHRTEN-KOLLEGEN

...! ..., meine Damen und Herren!
Wieder hat unsere Alma Mater, die Augusta Bernardina Talbergiensis, einen schweren Verlust erlitten: Der Inhaber des ordentlichen Lehrstuhls für die Allgemeine Betriebswirtschaftslehre der Verpackungsmittel, Herr Professor Dr. Dres. h. c. Walter Steinmetz, ist im Alter von 64 Jahren nach kurzer Krankheit verstorben.
In der Schule und in dem kunstsinnigen Elternhaus hat sich Walter Steinmetz jene umfassende Bildung und jenen weiten Horizont erworben, die ihn sein Leben lang ausgezeichnet haben. Seine besondere Liebhaberei war schon in früher Jugend die Archäologie mit dem Schwerpunkt Ägypten; bereits mit 16 Jahren veröffentlichte er einen Aufsatz über »Die ursprünglichen Anfänge der Mumifizierungstechnik«.
In jenen Jahren hatte Walter Steinmetz zweifellos die Absicht, diesem Gebiet auch sein Universitätsstudium zu widmen. Es kam aber der Zweite Weltkrieg, es kam der Zusammenbruch. Deutschlands Wirtschaft mußte ganz von vorne beginnen und vor allem sich modernisieren. Der Offizier Walter Steinmetz erkannte die Zeichen der Zeit. So studierte er zunächst auf der Aachener Hochschule einige Semester Frischhaltetechnik, um sich dann in Berlin im Seminar des unvergessenen Wilhelm Leistenrink endgültig der Betriebswirtschaftslehre der Verpackungsmittel zuzuwenden. Der Kontakt mit diesem großen Lehrer, der in ihm bald einen seiner begabtesten Schüler erkannte, aber auch die Begegnung mit den damals in Berlin wirkenden Kapazitäten Ernst von Klubusch, Hugo Müller, Friedrich Natschke und Theodor Oswald waren für sein zukünftiges Leben bestimmend.
1949 promovierte Walter Steinmetz summa cum laude mit einer Dissertation über die »Die kalkulatorische Bedeutung der Tütengröße bei der Abfüllung von Erbsmehl am Konsumort«. Schon vier Jahre später legte er der Berliner Fakultät seine Habilitationsschrift vor: »Die Leistenrinksche Überwindung der Widersprüche in der klassischen Theorie der Eintütung von Suppenmehlen und ihre praktische Bedeutung, dargestellt an der neuesten Entwicklung der Erbsmehl-Eintütung.« Am 11. November 1953 erhielt Walter Stein-

metz die venia legendi; am 12. Januar 1954 hielt er seine Antrittsvorlesung »Tütenersatz und Tütenersetzung in der Bilanz – eine Modifizierung der Leistenrinkschen These von der kalkulatorischen Gebrauchstüte«. Noch im selben Jahr wurde er als außerordentlicher Professor an die Universität Herburg berufen. Im gleichen Jahr schloß er mit Eugenie Leistenrink, der Tochter seines vergötterten Lehrers, den Bund fürs Leben.

Im Jahre 1961 dann folgte er dem Ruf auf den Lehrstuhl von Edmund Finke hier nach Talberg. Man kann wohl sagen, daß erst hier das Lebenswerk dieses bedeutenden Mannes und großen Gelehrten wirklich herangereift ist. Hier schrieb er sein großes dreibändiges Standardwerk, das heute die 13. Auflage erreicht hat: »Tüte, Sack, Kiste – Geschichte und Bedeutung«.
Vier Institute hat er hier aufgebaut, zwei Seminare hatte er zu leiten – allein die Beaufsichtigung seiner 37 Assistenten hätte einen anderen vollkommen ausgefüllt. Nicht so Walter Steinmetz – er fand noch Zeit, dreimal wöchentlich Seminarsitzungen mit 400 bis 500 Hörern abzuhalten, jedes Jahr drei große Aufsätze, jedes zweite Jahr ein Buch herauszubringen, nicht zu reden von den zahlreichen Gutachten und Festvorträgen, um die er von Wirtschaftskreisen gebeten wurde, Bitten, denen er sich nicht entziehen zu dürfen glaubte, denn sein Verantwortungsbewußtsein als Wissenschaftler war ihm Verpflichtung. Ganz zu schweigen von seinen jahrelangen Arbeiten für die Hochschulreform und seinem dazu nötigen eisernen Widerstand gegen linksverhetzten Jungpöbel. Gewiß, wie alle Großen unseres Faches blieb auch Professor Steinmetz nicht unangefochten, und auch ich selbst hatte und habe manchen Einwand

gegen seine Allgemeine Theorie der Verpackung, in der er alle Verpackungsmittel auf die Tüte zurückführte und insonderheit die Hypothese von der Kiste als ökonomisch versteifter Tüte aufstellte. Aber nur mit kühnen Hypothesen kann die Wissenschaft fortschreiten, und Walter Steinmetz glaubte an seine, an unsere Wissenschaft. Das war auch der Grund, warum er solch ein begeisternder Lehrer war, wie seine vielen hundert Doktoranden bezeugen.
Der Ring dieses großen Gelehrtenlebens schloß sich. Wenige Wochen vor seinem Tode noch hat Steinmetz einen Aufsatz abgeschlossen, mit dem er zu dem Ausgangspunkt seiner Jugend zurückkehrte: »Der Vertütungsgedanke in der frühen Bestattungstechnik und seine wirtschaftliche Anwendung in der Mumienversargung.« So war er sich treu geblieben, und es berührt seltsam, daß der letzte Aufsatz, der aus der nimmermüden Hand dieses reichen Lebens floß, daß der letzte Aufsatz von Walter Steinmetz der bleiben sollte, der das Thema wiederaufnahm, das ihn einst zu seinen ersten wissenschaftlichen Bemühungen inspiriert hatte.
Unser Fach, unsere Universität, unsere Wissenschaft, ja die deutsche Wissenschaft überhaupt, darüber hinaus die deutsche Industrie, besonders der Verpackungsmittel, die deutsche Wirtschaft insgesamt und das ganze geistige Deutschland trauern tief um Professor Steinmetz. Sein Vorbild bleibt unvergessen. Ehre seinem Andenken!

Beispiel 6
Kollegen des Verstorbenen sind immer berufene Redner bei der Bestattungsfeier. Auch tote Gewerkschaftsfunktionäre werden in dieser Weise geehrt.

GRABREDE AUF EINEN GEWERKSCHAFTSFUNKTIONÄR

Liebe Frau Becker, liebe Kolleginnen und Kollegen, werte Trauergäste!
Tiefbewegt erleben wir diese Stunde, in der wir unseren Freund

Willi Becker bestatten müssen. Er war uns allen ein guter Kollege, er war ein ausgezeichneter Kämpfer für die Sache der deutschen Arbeiter und ein großer Helfer von ihnen, er war ein leuchtendes Vorbild bis zum letzten Augenblick. (Ergriffenheit)

Willi Becker war aus kleinsten Verhältnissen gekommen. Sein Vater war ungelernter Arbeiter, seine Mutter Näherin in einem Konfektionsgeschäft. So blieb der kleine Willi viel sich selbst überlassen; in dieser Zeit las er alle Bücher, deren er habhaft werden konnte, sowohl von seinem Vater als von den Nachbarn. In der Morgenfrühe trug er Zeitungen aus, Sommer wie Winter.

Das frühreife, außerordentlich begabte Kind Willi Becker kam dann mit 14 Jahren bei einem Rohrleger in die Lehre, weil sein Vater die höhere Schulbildung nicht bezahlen konnte. Am selben Tag trat er in die Gewerkschaft ein, wofür sein Meister ihn fast wieder hinausgeworfen hätte. Aber schon der junge Willi Becker sah, worum es ging.

Nachdem er dann den Zweiten Weltkrieg an allen Fronten mitgemacht hatte, kehrte er mit dem Eisernen Kreuz dekoriert zurück, und fast seine gesamte Freizeit stellte er der Gewerkschaft zur Verfügung. Seit vielen Jahren arbeitete er an seiner Broschüre, die erst nach dem Kriege erscheinen konnte: »Die Zukunft der deutschen Gewerkschaften.« Dieses schmale Heft hat ausgesprochen richtungweisend gewirkt, und wenn seine kühnen Vorschläge auch nicht alle ausgeführt werden konnten, so haben sie die Diskussion doch alle befruchtet und in seinem Sinne weitergeführt. Als ein Motto hatte er dem Buch das Goethe-Wort beigegeben: »Im Anfang

war die Tat.« Das war nämlich Willi Beckers tiefste Überzeugung: daß zur Arbeit die Tat gehört und daß ohne gewerkschaftliches Handeln die Arbeit niemals richtig bewertet wird. Seine Erfahrungen mit den Unternehmen waren ja von Kindesbeinen auf hart und bitter genug gewesen. So wurde er hauptamtlicher Funktionär.
Auch in den letzten drei Jahren, wo er in den Ruhestand getreten war, ist er oftmals ein gern gesehener Gast bei uns im Gewerkschaftshaus gewesen, wo er uns manchen guten Ratschlag geben konnte aus seinen reichen gewerkschaftlichen Erfahrungen. Bis vor einem halben Jahr hat er auch auf keinem Diskussionsabend der Gewerkschaftsjugend gefehlt, die dem weißhaarigen Mann gern zuhörte, der ja so vieles erlebt hatte, was die jungen Leute gar nicht mehr mitbekommen haben.
Das leuchtende Vorbild von Willi Becker ist uns auch fürderhin ein Symbol für die Notwendigkeit gewerkschaftlicher Treue und aufopferungsvoller Hingabe an die Arbeit für die gemeinsame Sache. Unsere Gewerkschaft wird ihm stets ein ehrendes Andenken bewahren. (Bewegung)

II. Eröffnungs- und Einweihungsansprachen

»Alles Beginnen auf der Welt ist mit Ansprachen verbunden.« So wird in dem Briefwechsel zwischen Goethe und Schiller einmal der Sachverhalt charakterisiert, aus dem sich die außerordentlich häufige Verpflichtung zu Eröffnungs- und Einweihungsansprachen herleitet und dem wir mit den folgenden Vorlagen Rechnung tragen.
Der Hauptzweck einer solchen Ansprache ist stets der, den Zuhörern klarzumachen, daß es sinnvoll ist, das einzuweihende bzw. zu eröffnende Objekt einzuweihen bzw. zu eröffnen. Der Zuhörer muß schließlich auch dann, wenn er anfänglich gezögert haben sollte, so begeistert sein, daß er seelisch wirklich mit-eröffnet bzw. mit-einweiht.

Beispiel 1
Die dauernde Notwendigkeit wirtschaftlichen Wachstums führt oft und oft zu mehrtägigen Nutzungen von Messe- und Ausstellungsgeländen und entsprechend häufig zu Eröffnungen mit Ansprache-Verpflichtungen.

ERÖFFNUNG DER WIRTSCHAFTSSCHAU »KÜHNE WOCHE«

Herr Minister, Herr Regierender Bürgermeister, ...
meine Damen und Herren!
Wie jedes Jahr um diese Zeit hat heuer am heutigen Tage die Deutsche Sportwirtschaftsgesellschaft die große Freude, hier in unserer alten Reichshauptstadt wieder einmal die Tore zur »Kühnen Woche« aufzustoßen, der bedeutendsten Sportwirtschaftsleistungs-

schau Mitteleuropas, an der sich diesmal 6847 Aussteller und Ausstellerverbände aus 97 Ländern unseres so klein gewordenen Erdballs beteiligen! (Beifall) Als Motto hat die Deutsche Sportwirtschaftsgesellschaft einen Sinnspruch des im Vorjahr verstorbenen Karlemann Höhnerwade gewählt, des so vielfach ausgezeichneten langjährigen deutschen Meisters im Sportschuhprüfen, und dieses Motto lautet: »Mehr Zukunft durch mehr Sport!« (Beifall)

Demgemäß ist denn auch die ganze Zentralhalle A 14 dem heute überall und brennender denn je aktuellen Thema gewidmet: »Steigendes Sportinteresse – Mehr Arbeitsplätze«. Schautafeln, Kinoleinwände, Video-Großanlagen und Tausende von elektronischen Akusto-Informations-Kanälen zeigen dort auf, worum es geht. Dort wird dem Besucher nicht nur klargemacht, wieviel Arbeitsplätze in der Sportartikelindustrie und Sportvereinszulieferindustrie von dem Sportinteresse der Bevölkerung abhängen, sondern er wird auch belehrt darüber, wie viele Menschen direkt durch die Sportveranstaltungen als solche ihre Einkommen erzielen, ohne doch selbst Sport treiben zu müssen: Platzwarte und Taxifahrer, Würstchenkocher und Sportredakteure, Berichterstatter von Funk und Fernsehen einschließlich Kameraleuten, Übertragungstechnikern und übergeordneten Redaktionsstäben, Kraftfahrzeugreparaturwerkstätten und Chemisch-Reinigungen, Ordner, Fotografen, Toilettenaufsicht, Fähnchenhersteller, Sportzeitungsverleger undsoweiter undsofort. »Mehr Zukunft durch mehr Sport!« – in dieser Halle der Kühnen Woche wird die Wahrheit des Mottos für jedermann augenfällig. (Beifall)

Die übrigen Hallen bieten wie in jedem Jahr eine umfassende aktuelle Leistungsschau der deutschen Sportwirtschaft, und auch diesmal sind viele Neuheiten zu bewundern: vom – um nur einige zu nennen – doppelt rückwärtsgefederten Querbeet-Rollschuh-Elastifikator bis zur eigenschweißaufsaugenden fremdschweißabstoßenden volldynamischen Tanzsportbekleidung mit Batterie-Antrieb.

Und wie schon seit Jahren abermals größer als im Vorjahr ist auch auf dieser Kühnen Woche das Ausstellungsgelände der Sportmedizin, deren umsatzbezogene Wachstumsrate sowohl sport- wie volkswirtschaftlich von einzigartiger Bedeutung ist. (Beifall) Dieses

Jahr stehen hier im Vordergrund einerseits die Präparate mit Wachstumshormonen für Basketballer zwischen dem ersten und vierunddreißigsten Lebensjahr und andererseits die Gesäßmuskel-Schrittmacher-Eiweiße für Hochsprungwillige.
Wiederum also ist die Kühne Woche in diesem Jahr eine Sportwirtschaftsleistungsschau sondergleichen! (Beifall) Und vor allem freut uns die zahlreiche Beteiligung von Ländern der dritten Welt, in denen so oft um die Zukunft gebangt wird. Beweist doch ihre Anwesenheit hier in Berlin, daß endlich auch bei ihnen Karlemann Höhnerwades Erkenntnis sich ausbreitet wie ein – ja, wie ein wahrhaft olympisches Lauffeuer: »Mehr Zukunft durch mehr Sport!« (Beifall) Denn, meine Damen und Herren: Es gibt nur eine einzige Zukunft. Und wenn sich irgend etwas auf der Welt ganz und gar und mehr noch als in den Vorjahren von jeher dieser einen Zukunft verpflichtet fühlt, dann ist es die diesjährige Kühne Woche! Ich danke Ihnen! (Großer Beifall)

Beispiel 2
Auch die Eröffnung wissenschaftlicher und praktischer Tagungen und Kongresse ist ohne Ansprache nicht zu denken.

ERÖFFNUNG EINES INTERNATIONALEN KONGRESSES ÜBER DIE BEWÄSSERUNG ÖFFENTLICHER PARKS UND ANLAGEN (IWÖPA)

Herr Ministerpräsident, Herr Bundesminister, Herr Oberbürgermeister, meine Damen und Herren!
Nachdem die IWÖPA zuletzt in Southampton, Kyoto und Algier stattgefunden hat, ist nun zum zweitenmal innerhalb von nur elf Jahren die Bundesrepublik unser Gastgeber und da diese gastliche Stadt. Das erscheint freilich nicht zuletzt insofern sinnvoll begründet, als die Arbeit unseres Kongresses seit seinem Bestehen zu einem nicht unwesentlichen Teil von uns Deutschen herausragend mitgetragen wird. Unser leider erkrankter Präsident, Lord Ashersville, hat das in seiner Grußbotschaft, die wir nachher noch verlesen

werden, ausdrücklich festgestellt und anerkannt. (Beifall)
Jene Tagung, die vor elf Jahren in der Bundesrepublik stattfand, widmete ihr Hauptaugenmerk noch einer späten Kriegsfolgeerscheinung – ihr Hauptthema hieß: »Die Einzelbewässerung engstehender Nachwuchs-Buchen auf parkmäßig ausgestalteten Trümmerschutt-Arealen«. Die diesjährige IWÖPA in Deutschland sieht einem der brisantesten Probleme unserer umweltbewußt gewordenen Gegenwart ins Gesicht – das Generalthema unserer Veranstal-

tung lautet: »Die Umstrukturierung öffentlicher Parks und Anlagen im Hinblick auf die Nutzbarmachung von durch schadstoffhaltige Bewässerung verursachten Wurzelreizungen«. Auch der deutsche Bundespräsident, der Bundeskanzler sowie die Vorsitzenden der Opposition haben, wie Sie gleich hören werden, in ihren Grußworten die Wichtigkeit dieses Themas betont und uns, den aus vierunddreißig Ländern angereisten Kongreßteilnehmern, für unsere bedeutsame Arbeit erstens gedankt und zweitens reichen Erfolg gewünscht. (Beifall)
Unser Generalsekretär, Professor William F. Gansehuter/USA, hat bereits gestern in der vorbereiteten Pressekonferenz nachdrücklich hervorgehoben, daß die richtige Bewässerung öffentlicher Parks und Anlagen nicht nur den Fachmann, sondern alle angeht, und daß die schadstoffhaltige Bewässerung nur dann ihre guten Seiten zeigen wird, wenn es Staat und Gesellschaft gelingt, die dadurch auftretenden Wurzelreizungen der öffentlichen Bäume, Sträucher und Pflanzen positiv in den Griff zu bekommen. Mit aller Schärfe wandte er sich gegen die von interessierter Seite so gern vertretene

Auffassung, *gar keine* Bewässerung öffentlicher Parks und Anlagen sei besser als schadstoffhaltige Bewässerung. Denn gerade in unserer Zeit der Mikroelektronik herrscht allüberall ein Hunger nach feuchtem Grün vor, der durch trockenes Grün nicht gestillt werden kann! (Beifall) Diesen Hunger aber müssen wir sehr bald, wie ich selbst schon 1980 in Hansens Wässerungsarchiv gefordert habe, nachhaltig stillen – nicht zuletzt im Hinblick auf jene unserer Mitbürger, die die Alten von morgen sind, wie auch auf jene unserer Kinder, die einstens erwachsen sein werden! (Großer Beifall)
Leider hängen viele einseitig unterrichtete Zeitungsleser immer noch der biedermeierlichen Vorstellung an, ein Park und besonders ein öffentlicher Park müsse trockenen Fußes durchquert werden können. Der entschiedene Widerstand der IWÖPA gegen solche Vorstellungen wird auch auf unserem Kongreß gar nicht laut und oft genug wiederholt werden können; darum darf ich bereits jetzt, von dieser Stelle aus, den Staat und die Kirchen, die Parteien, Schule und Elternhaus bitten, unsere diesbezügliche Haltung tatkräftig zu unterstützen! (Beifall)
Tage ernster Arbeit liegen vor uns. Mögen sie zum Gedeihen der öffentlichen Parks und Anlagen in aller Welt und zum steten Fortschritt des Bewässerungsgedankens beitragen! (Beifall)

Beispiel 4
Nicht nur Einrichtungen müssen eröffnet werden, sondern auch Veranstaltungen aller Art. Auch dabei sind Ansprachen unerläßlich. Das gilt erst recht dann, wenn die Veranstaltung in einer Zusammenkunft vieler Menschen besteht, die sich vorzüglich zu dem Zweck an dem betreffenden Ort versammelt haben, gemeinsam Ansprachen zu hören.

ERÖFFNUNG EINES REGIMENTSTREFFENS

Liebe Kameraden!
Zunächst möchte ich Sie alle recht herzlich begrüßen und meiner Freude Ausdruck geben, daß Sie trotz Alterslasten, Ruhestandsver-

pflichtungen, Enkelkindern usw. gekommen sind.
Ich glaube, wir alle vom Panzerregiment 47 freuen uns, daß wir wieder einmal zwei Tage unter uns sein können, zur Pflege jener kameradschaftlichen Verbundenheit, die sich in den großen Stunden des Krieges so hervorragend bewährt hat, im Smolensker Kessel ebenso wie bei Charkow oder Kiew.
Dieses Erleben, wo wir alle gemeinsam das Letzte hergeben mußten, und viele unserer Kameraden auch das Leben, dieses Erleben hat uns alle zusammengeschmiedet. Diesen gemeinsamen Kampfgeist, diese lebendige Kraft soldatischer Lebensgemeinschaft wieder einmal herauszustellen und als kraftvolle Tradition zu pflegen, soll dieses Treffen heute und morgen hier dienen. Wir alle sind ja stolz auf unser Panzerregiment 47 und die in den letzten vier Jahrzehnten daraus entstandene Kameradschaftspflege, die mehr ist als eine bloße Äußerlichkeit! (Beifall)
Wir leben in einer Zeit, in der der offene Panzerkampf, den wir, mit all seiner Steigerung des Lebensgefühls, im Kriege noch so großartig mitgemacht haben, zurückgetreten ist gegenüber dem subversiven Kampf des Ostens, der unser Volk zu unterhöhlen versucht. Dieser kalte Krieg, in dem wir uns zweifellos befinden, muß Kräfte finden, die ihm begegnen. Und da sind es gerade die alten soldatischen Gemeinschaften, die mit einem Beispiel vorangehen, das andere mitzureißen vermag. Das aber wird nicht zuletzt durch eine Begegnung wie die jetzt hier anlaufende ermöglicht, in

der wir als lebenserfahrene Vorbilder unserer Söhne und Enkel das alte kameradschaftliche Vertrauen von einst wieder neu festigen und wo man sich im Gespräch von Mann zu Mann wieder einmal klarmacht, daß es auch heute noch – und gerade heute! – höhere Werte gibt als die sonst üblicherweise angesprochenen, denn das Leben eines Volkes und einer Volksgemeinschaft ist in andere Zeiträume gestellt als das des einzelnen, der untergeht. So lebt Deutschland und wird leben, auch wenn wir einmal, soweit das noch nicht geschehen ist, vom Felde abtreten! (Beifall)
Das sind einige Gedanken, die uns allen wohl in dieser ersten Stunde unseres Wiedersehens mit den 47er Kameraden durch den Kopf gehen. So möchte ich Ihnen einen schönen und erhebenden Verlauf unseres diesjährigen Treffens wünschen. Wir alle können und wollen dazu beitragen, indem wir den alten Grundsatz General Guderians verwirklichen: zu klotzen und nicht zu kleckern! Aber ich glaube, wir 47er können uns immer noch auf uns verlassen. Das Motto unseres Treffens heißt »Größere Treue – Größerer Zusammenhalt«. Unter diesem Motto soll und muß unser Treffen auch dieses Mal ein Erfolg werden! (Großer Beifall)

Beispiel 4
Die Eröffnung einer Kunstausstellung wird üblicherweise einem Kunstwissenschaftler oder dem Kunstkritiker einer angesehenen Zeitung übertragen. Wer auch immer diese Aufgabe übernimmt – das folgende, an großen Vorbildern entwickelte Muster wird ihm in jedem Falle von Nutzen sein.

ERÖFFNUNG EINER AUSSTELLUNG »DIE KUNST DER ZUKUNFT«

Meine Damen und Herren!
Hat Kunst als Sage und Aussage verspielt? Diese Frage je von neuem zu evozieren, scheint uns Rückblickenden heute bestimmendes Verdienst der bildenden Kunst in den ersten Jahrzehnten dieses Säkulums. Denn ganz und gar säkularer Kunst Bestand zu sichern

in der egalitären Säkularisation aller Werte, war Anliegen und humanitärer Auftrag der späten Gruppen seit den sechziger Jahren. Die Kunst der Zukunft aber ist neuer Anfang, aus der Tiefe der Zeiten heraufgeholte Kunde vom Morgen. Kristallin, anthropomorph. Weitwurf des Geistes: Entwurf ins Gestern, Zuwurf aus dem Morgen.
Solche Kunde des unkündbaren Geistes bringt uns nun diese Ausstellung. Tief beherbergt im Schoß des Heute wächst Zukunft, die Kunst ihr vorauf, und die in dieser Ausstellung gezeigten Werke sind in der Zusammenschau ein einziges Ge-bild, Ge-bild der Zukunft. Das hat nun alles für sich: Spontaneität des soziologisch kommunikativen Zugriffs, blendende Gebärde wie inkonsistente Dichte, zu äußerster Federung geschärftes Sensorium des technischen Zeitalters wie antikisches Bewußtsein von der Natur als Schoß und Wider-Sache.

Nach der jahrzehntelangen Unrede von der Unbehaustheit des Menschen und an der Zeiten-Schwelle einer im Fraglosen bis über das Wünschbare hinaus verunsicherten Welt scheint uns nun die Kunst der Zukunft als ein ganz und gar Gemäßes auf: als bergender Bezirk, als Haus. Vom Menschen heraufgerufene, zugleich ihm anheimgegebene Zuflucht, ausgesetzte Wohnstatt. Erinnerung an biblische Wanderschaften tut sich auf, das Haus als nur vorläufige Bergung, der die Vorläufigkeit unserer vom continuum transcen-

dentale überschatteten Hoffnung im elektronischen Medien-Zeitalter innovationsschwanger entspricht. Doch jener in der Geschichte der Kunst so häufige Akt, daß Liebe verniedlicht, wo sie nicht zu begreifen vermag – hier stattzuhaben wird ihm nicht erlaubt. Dennoch wird vor dieser Kunst als einem Haus die häusliche Angewiesenheit nicht als schreckliche Wahrheit »offen«, sondern kühl unterspielt, heruntergespielt ins Sachliche, ins unephebisch Nüchterne. Gemeinsam, meine Damen und Herren, steht unsere Gegenwart vor dem Haus, das von der Kunst der Zukunft uns hier zugetragen wird. Der Griff nach seiner Klinke, der der Griff nach dem Strohhalm ist, ist Griff nach fremdem Leben, vielleicht befremdendem Anderssein, uns zur Einverwandlung sich anbietend. Wir können diesen Griff nicht anders vollziehen als in banger, überwacher Bewußtheit. Doch das, womit der Eintritt in dieses Haus uns Erben einer bis zur Blässe gerüttelten Gegenwart begabt, erweist sich als glückhafte Verkehrung: Wahrheit, rund versinnbildet, kaptiviert uns, trägt sich aus in der Beruhigung unseres Herzschlags, wird Gegenstand, der Lebendigem korrespondiert und es aufnimmt, »aufhebt« – fast im Hegelschen Sinne. Kunsterfindung als Weltwahrheit, nicht als schmuckhafter Traum – man denkt an Baudelaires zähen Kampf um diese Dinge.
Wie diese Werke innerhalb der Proportionen der Ausstellung funktionieren, sich gegenseitig tragen, das mögen Sie gleich selbst erkennen. Dies Gebild ist Symbolon, vor- und rückweisend auf die Struktur einer heilen Gesellschaft, und wie beschäftigt, seine gemeinsame ursprüngliche Schöpfungswahrheit immer von neuem zu realisieren. Realität, die beglückt und erhebt, wo sonst schon Zwergisches überhandzunehmen sich anschickte; erhellende Umfugung der Welt der ánthropoi. Das mag sich entzünden an einem Werk wie Schmiebachs bedeutsamem opus mit seiner schier unübertrefflichen »Gestimmtheit« und wird sich doch nicht ins Wort wagen – Schweigen als wahrere Einheit, in der Gefühl und Wert aufblühen. Und selbst das Dunkel noch zwischen diesen einander zugestimmten Werken wird dringlicher Akteur, hat gebärdige Dichte wie eine Pause in der Kammermusik des späten Brahms, den ganz zu entdekken der Zukunft nicht minder vorbehalten ist als der kontrapunktierende Umgang mit den heute hier gezeigten Werken.

Eindringendes Schauen als unvergeßbares Erleben in therapeutisch stringentem feedback, Zukunft beim Wort, genauer: beim Bild genommen – das ist es, was, meine Damen und Herren, hier und heute in unmittelbarer Kohärenz uns vermittelt wird. Die Ausstellung ist eröffnet! (Großer, langanhaltender Beifall)

Beispiel 5
Seltener leider als in früheren Jahren und Jahrzehnten findet heute die erhebende Feier der Einweihung eines Schwimmbades statt. Um so höher sind die Anforderungen, die an die Einweihungs-Ansprache gestellt werden.

EINWEIHUNG EINES SCHWIMMBADES

Herr Ministerpräsident, Herr Bundesminister, Herr ..., meine Damen und Herren, liebe Sportkameradinnen und Sportsfreunde, hochansehnliche Festversammlung!
»Hinein!« Dieser uralte Ruf als Schwimmer, heute klingt er zum erstenmal hier auf, in dem großartig renovierten, allen Schwimmerwünschen ideal entgegenkommenden Tirpitz-Bad, mit dem diese Stadt ihre große Sport- und Schwimmtradition ganz wunderbar krönt.
»Hinein!« Das Schwimmen ist wohl die älteste Sportart der Menschen, jedenfalls in den Küstenländern. Man braucht ja nur an Odysseus zu denken, wo von Homer seinen sportlichen Leistungen im Meer soviel Bewunderung gezollt wird. Wo Wasser war, da fanden sich von jeher immer auch kühne und elegante Schwimmer zum sportlichen Wettstreit, so wie das nun auch hier gepflegt werden soll, wird und muß.
Vielleicht zu keiner Zeit aber war das Schwimmen so wichtig wie in unserem Zeitalter der sitzenden Beschäftigung und des Autofahrens. Schwimmsport ist Ausgleichssport! (Beifall) Das galt nie mehr als heute mit unserer bewegungsarmen Bevölkerung. Wenn Ausgleichssport, dann Schwimmsport! das ist eine Devise, unter die wir alle uns täglich stellen sollten. Ich denke da nicht nur an das

einfache Brustschwimmen. Nein, wie gesagt, im Zeitalter der sitzenden Beschäftigung kann Schwimmen nicht nur der brustschwimmenden Fortbewegung dienen – was wir täglich mehr brauchen, das ist die körperbewußte Schwimmgestaltung! (Beifall)
Ich sage: Schwimmgestaltung. Ich denke dabei vor allem an die großen Sprungfiguren wie den Eindreiviertelüberbankert, den Halbkreiseloberschwänzer, den Hechtunterwarzzieher und den

Rumperückgrabehalbstoß. Im Wasser selbst aber müssen wir endlich dahin kommen, gerade bei den Jugendlichen den Schmetterlingsstil durch den Hummelstil und vor allem den Hausschwalbenstil zu ersetzen, der allein unser Volk zu jenem Volk von Gesunden machen kann, das schon Kurt Plückebaum sich ersehnte, der unvergessene deutsche Meister im Steherschwimmen von 1896.
Denn, das wollen wir doch nicht vergessen, und wie Sie gesehen haben, steht es in goldenen Lettern dort oben geschrieben: Nur in einem gesunden Körper kann ein gesunder Geist wohnen! (Großer Beifall) Unsere ganze abendländische Kultur hängt letzten Endes hieran, nicht zuletzt auch im Hinblick auf das plansportliche Machtstreben des sowjetischen Machtbereiches. Machen wir unseren Brüdern und Schwestern in der DDR doch vor, was das ist, das in wirklich freier Zucht sich ereignende, disziplinvolle Spiel der Leiber, und zeigen wir ihnen, wie ein solcher freiheitlicher

Schwimmsport Geist und Seele zu höheren Leistungen stählt und immer wieder neu befähigt! (Beifall)
Dieses Bad, das aus Bundes- und Landesmitteln und unter großen finanziellen Opfern der Stadt für dreiundneunzig Millionen DM erneuert worden ist, bietet dafür die beste Gelegenheit. Vor allem die Bevölkerung aus den Außenbezirken der Stadt wird froh sein, nun hier, wenn sie in die Innenstadt kommt, zwischen zwei hochmodernen und vollendet durchgeplanten Badeanstalten auswählen zu können, selbst wenn auch dort draußen einmal das eine oder andere kleinere Bad errichtet werden sollte. So wird Schwimmen nicht nur zum Ausgleichssport, sondern zum Volkssport aller! (Beifall)
Somit kann ich die Stadt nur beglückwünschen zu diesem auf der Höhe der Zeit und der sportmedizinischen Erkenntnisse stehenden Bad, das auch dem schwimmenden Auge angenehm auffällt, und zwar in allem. In diesem Sinne und mit einem herzlichen »Schwimmauf!« rufe ich Ihnen zu: Hinein! (Gewaltiger Beifall)

III. Amtswechsel

Sowohl derjenige, der ein Amt abgibt, wie der, der ein solches antritt, ist zum Halten einer Ansprache verpflichtet, wenn das Amt nur einige Bedeutung hat. In einer solchen Ansprache erklärt der eine, daß er erreicht hat, was in seiner Kraft stand, der andere entwickelt sein kühnes Programm.

Beispiel 1
Amtswechsel in der Privatwirtschaft sind selten mit Ansprachen vor einem größeren Publikum verbunden. Jede Firma kann eine solche Ansprache nur dann als sinnvoll ansehen, wenn sie im Dienst der Werbung oder der Mitarbeiter-Motivation steht.

EIN VORSTANDSMITGLIED VERABSCHIEDET SICH VON SEINEN VERKÄUFERN

Meine Damen und Herren!
Dies ist das letzte Mal, daß ich als Vorstandsmitglied unserer deutschen Gesellschaft auf einem Marketing-Jahreskongreß der 3000 erfolgreichsten Außendienstmitarbeiter spreche. Wie Sie wissen, bin ich von der Washingtoner Konzern-Leitung ab nächsten Monat in das Europa-Office nach Paris berufen worden.
So erlauben Sie mir bitte, mich in dieser Abschiedsstunde auf einige ganz wenige Worte zu beschränken. Das erste dieser wenigen Worte soll der Hervorhebung meiner persönlichen Dankbarkeit dienen. Ihnen allen, die Sie im letzten Jahr mehr als 100 Punkte gemacht haben, und besonders den mehrheitlich vielen unter Ihnen, die schon seit Jahren in ununterbrochener Folge diesem Club der Marketing-Hundertplus-Spitzenkräfte angehören, Ihnen allen sage ich: Ich bedanke mich aufrichtigst für Ihren charaktervollen Einsatz!

Sie haben mir geholfen, die Verkaufsleistungen jedes Jahr weiter zu steigern, so wie das von Konzern-Leitung und Europa-Office jeweils vorgegeben war und immer wieder eine exorbitante Reihe von Punkten darüber hinaus; dafür danke ich Ihnen auf das herzlichste! Diese Ihre Hilfe wird Ihnen von mir unvergessen bleiben! (Beifall)

Lassen Sie mich aber auch sagen: Zwar hat unsere Gesellschaft nun bereits Jahr um Jahr das Geschäft nach vorne getragen – in Zukunft jedoch muß das Geschäft noch sehr viel weiter, über alle Ihnen heute vorstellbaren Frontlinien hinaus, nach vorne getragen werden! Und vergessen Sie keine Sekunde, daß unser oberster Unternehmensgrundsatz heißt: »Im Streben nach Mehr darf nichts dem Zufall überlassen bleiben!« Von Jahr zu Jahr müssen Sie, meine Damen und Herren, mehr Erfolg haben, muß die Meßlatte höher gelegt werden können! Der Qualitätsgedanke lebt haltlos in einem luftleeren Raum, wenn er nicht durch Marketing-Maßnahmen unterstützt und verkauft wird! Ich rufe Ihnen deshalb zu: Leisten Sie noch mehr! Sie können das! Sie können das um so konsequenter, je mehr Sie – ich darf in dieser Stunde einmal ganz persönlich werden – Ihr ganzes Dasein unter dem Leistungsaspekt gestalten und klar der ernsten Erkenntnis ins Auge sehen: Auch das weltweit anzutreffende Menschliche außerhalb des Geschäftlichen ist von Bedeutung für das Geschäftliche! (Beifall)

In diesem Geiste, meine Damen und Herren, möchte ich mich somit von Ihnen verabschieden, indem ich jedem von Ihnen das alte Sprichwort zurufe, das ihn auffordert, auch weiterhin Leistungen zu erbringen – die alte Mahnung: »Schuster, bleib bei deinen Leisten!« So müssen allezeit wir alle überall uns angesprochen fühlen als Schuster, denen immer neu der Wille eingebrannt ist, beim Leisten zu bleiben, viel zu leisten, mehr zu leisten! Mehr für das größere Ganze! Meine Damen und Herren! Dieser Konzern sei gelobt! (Chor der 3000 Verkäufer: »For ever and ever, amen!«)

Beispiel 2

Gibt ein Verbandspräsident sein Amt aus eigenem Entschluß ab, so ist es selbstverständlich, daß er in einer Ansprache vor den

Mitgliedern von der Situation des Verbandes redet und seine eigenen Verdienste um dieselbe zurückhaltend würdigt.

EIN VERBANDSPRÄSIDENT GIBT SEIN AMT AB

Meine Damen und Herren!
Wenn ich mit dieser Stunde die Leitung unseres Verbandes aus ausschließlich persönlichen, nämlich privaten gesundheitlichen wie familiären Gründen niederlege, so fällt mir dies – ich darf Ihnen das unumwunden offen bekennen – durchaus schwer. Denn ich bin seit den ersten Planungs- und Entstehungsphasen mit unserem BUZUDI verknüpft und verwachsen, habe von Anfang an seine Gründung vorangetrieben und diese mit Ihrer Hilfe schließlich vollendet in einer Zeit, die, wie wir alle wissen, eine schwere Zeit war und ist, angesiedelt zwischen gestern und morgen!
Den wahren Charakter dieser Zeit hat wohl niemand besser begriffen als jeder Angehörige der in unserem Verband zusammengefaßten Berufe. Wer im BUZUDI zusammengeschlossen ist, der weiß, daß unsere Zeit gekennzeichnet ist durch das hochmoderne Industriezeitalter, und daß dessen Charakter sich nicht nur in Automation und Massenelektronik ausdrückt, sondern auch in der bezeichnenden Tatsache, daß immer mehr Menschen sich einsam und allein fühlen und nach jemandem Ausschau halten, der sich für sie als persönliche Individuen interessiert, der dem einzelnen etwas Lebenshilfe gibt, der immer wieder wenigstens eine kleine Weile für ihn da ist. Wer in unseren Berufen tätig ist, der ist darin tätig, weil er erkannt hat, daß unsere Zeit in besonderer Weise gekennzeichnet ist durch das Vorhandensein dieser vielen Menschen, die solchen Bedarf an menschlicher Zuwendung haben.
Unsere Berufe sind angetreten, diesen Bedarf zu decken. (Beifall) Und die Vereinigung dieser Berufe in einem Bundesverband war, so erkannte ich bereits sehr früh, ein Gebot der Stunde! (Beifall) Erst mit und seit der Gründung dieses unseres Verbandes ist die Gesamtberufsgruppe der Zuwendungsdienstleistenden im öffentlichen Bewußtsein und im politischen Raum verankert, und zwar als

eine lebendige, für das Gedeihen unserer individuellen und sozialen Zukunft unentbehrliche Tatsache! (Großer Beifall) Als eine darum von Staat und Gesellschaft, von Bund, Ländern und Gemeinden förderungswürdige Tatsache! (Sehr großer Beifall)
In diesem Zusammenhang, meine Damen und Herren, darf ich an meine einstigen Worte erinnern, mit denen wir seinerzeit zur Gründung dieses unseres Bundesverbandes der Zuwendungsdienstleistenden aufgerufen haben. Da hieß es klar und zukunftsweisend: »Der von dem Gefühl kontaktarmer Isoliertheit gestörte Mensch braucht Pflege und Reparatur. Diesen Bedarf deckt die große Berufsgruppe der Zuwendungsdienstleistenden. Besonders im Hinblick auf die steuerpolitische Behandlung der betreffenden Berufe ist deren Zusammenfassung auf bundesverbandlicher Ebene eine unaufschiebbare Notwendigkeit unserer aktuellen Gegenwart! Die heute aus tiefen zeitbezogenen Ursachen trotz vieler in den Weg geworfener Hemmschwellen bereits in großem Umfang berufsmäßig ausgeübte mitmenschliche Zuwendung muß endlich auch von staatlicher Seite bundesweit anerkannt und auch unter steuerlichen Gesichtspunkten gefördert und prämiert werden!« (Großer Beifall)
Es ist mir und dem übrigen Vorstand im Rahmen und seit der Gründung des BUZUDI gelungen, alle wichtigen Sparten der zuwendungsdienstleistenden Berufe unter unserem Dach zu vereinen, so daß wir heute zu den Unseren zählen unter anderem: Problemgesprächspartner, Privatlehrer für Freizeitvertreib, Unterhaltungstherapeuten, Seelbefriediger, Seelenheilkundige, Akademische Psychisten, Masseure und Masseusen, Frisier- und Kosmetikstudioberufe, Pflegeberufe, Heilpraktiker und Ärzte, kirchliche und freiberufliche Seelsorger, Sozialwärter und -innen, Verhaltens- und Gestalt-Astrologen, Kleinhaushaltshilfen undsoweiter undsoweiter! (Vielfacher Beifall)
Auch eine noch immer offene Wunde unseres Verbandes allerdings, meine Damen und Herren, möchte ich bei diesem Abschied nicht unberührt lassen. Ist es doch bisher nicht gelungen, sie zu schließen im Zuge einer Überwindung der öffentlich wie auch verbandsintern dagegengestemmten Widerstände. Sie wissen wohl, was ich meine: Noch immer gilt bei vielen zwar etwa der Psychist, der sich gegen Stundenhonorar einem Mitmenschen hörend und sprechend

zuwendet, als ein hochangesehener Zuwendungsdienstleistender – eine Person hingegen, die sich gegen Stundenhonorar gesamtkörperlich einem Mitmenschen zuwendet, als ehrlos und minderwertig. Der Verband muß meines Erachtens aus zahlenmäßigen Gründen dahin kommen, daß auch zuwendungsbedürfnisbefriedigende Leistungen dieser gesamtleibseelischen Art, die erbracht werden unter Berufsbezeichnungen wie »Hostessen, Modelle, Begleiter für gewisse Stunden«, daß auch diese für das Wohlbefinden sehr vieler Menschen in unserem Volk so wichtigen Zuwendungsdienstleistungen verbandsfähig werden im BUZUDI! (Vereinzelter dünner Beifall)

Denn, meine Damen und Herren: Je größer und stärker der BUZUDI sich darstellt, desto unübersehbarer und unumgänglicher kann er in der für die Politiker so maßgeblichen Verbändelandschaft einen entscheidenden Akzent setzen!

»Entscheidend«, meine Damen und Herren, und darum habe ich soviel Jahre und Kräfte meines Lebens in die Idee und Wirklichkeit des BUZUDI investiert, entscheidend für das Wohl aller unserer Mitglieder und damit entscheidend für das Wohl der Millionen auf unsere Dienstleistungen angewiesener zuwendungsbedürftiger Mitbürger! Mit diesem Ziel des Gemeinwohls im Herzen bin einstens ich zuerst in der berufspolitischen Wirklichkeit aufgetreten, mit diesem Ziel ist der BUZUDI angetreten und wird für dieses Ziel eintreten immerdar, so lange wie Menschen überhaupt das Gemeinwohl vertreten, unabhängig davon, daß einzelne immer wieder eines Tages von der Bühne der Verbandsarbeit, so wie nun ich es tue, abtreten! (Beifall) »Alles geht weiter!« – diese Wahrheit, sie wird und sie möge stets auch für den BUZUDI gelten! Ich danke Ihnen. (Großer Beifall)

Beispiel 3

Daß einer Dame ein Amt übertragen wird, das nicht von ganz untergeordneter Bedeutung ist, kommt selten vor. Um so weniger wird eine Dame, die wirklich einmal ein solches Amt antritt, die Gelegenheit auslassen, eine richtungweisende Ansprache zu halten.

EINE DAME ÜBERNIMMT EIN JUGENDDEZERNAT

Herr Präsident, Herr Vorsitzender, meine Damen und Herren! Es scheint mir mehr als ein Zufall zu sein, daß ich mein Amt hier zu einem Termin antrete, an dem uns nur wenige Tage von dem Geburtstag Friedrich Fröbels trennen. Bitte, denken Sie jetzt nicht etwas herablassend: »Ach, der Kindergarten-Fröbel.« Ja, der Kindergarten-Fröbel – denn Friedrich Fröbel war einer der ersten, die erkannten, daß man im Industriezeitalter die Heranwachsenden nicht sich selbst überlassen kann.

Dieses Industriezeitalter hält bis heute an, ja es wird immer umfassender. Eine industrielle Revolution folgt auf die andere; heute schon sieht sich die industrielle Massengesellschaft vor die elektronische Automation gestellt, die die Bühne unseres Lebens bereits betreten hat und täglich tiefer in dieses Leben hineingreifen kann. Und was wird morgen sein? Das sind doch alles Veränderungen, die gesehen werden müssen, wenn man die Aufgabe der Jugenderziehung und Jugendbetreuung in unserer Zeit wirklich von Grund auf ernst nehmen und anpacken will, um zu brauchbaren Lösungen zu kommen! (Schwacher Beifall)

Aber auch die sogenannten Entwicklungsländer darf man nicht vergessen, die, wie der Bundeskanzler neulich sagte, »ein ganz wesentliches Zeichen unserer Zeit sind und die Völker des Westens und ihre Zukunft in ganz neuem Lichte erscheinen lassen«, Länder mit Problemen also, die eine weltweite Bedeutung haben und doch bereits in jedes Haus reichen!

Diesen ganzen Veränderungen steht nun der Jugendliche gegenüber, und zwar nicht selten arbeitslos. In, wie die Erfahrung zeigt, sehr vielen Fällen vom Elternhaus ohne festes religiöses Weltbild gelassen, gerät er nur zu leicht in die Gesellschaft anderer, die versuchen, sich durch mancherlei ungute Beschäftigung zu betäuben. So glücklich sie alle meist ihr Beruf macht, so wenig ausgefüllt sind ihre Abende. Kino und Fernsehen, alkoholische Getränke und leider oft auch unsaubere Videos und Gespräche ziehen sie dann an, und es kommt zu einer ungesunden Atmosphäre. Diese Atmosphäre führt, auch das muß gesagt werden, gelegentlich auch zu einem derart

engen Zusammensein von Jungen und Mädeln, daß selbst die Versuchung zu Ausschweifungen auftritt, die dann beide Seiten für eine gute Ehe untauglich machen. Es ist da immer noch die Saat der werte- und glaubenslosen siebziger Jahre, an der wir tragen!
Meine Damen und Herren, vor diesem Hintergrund unserer Zeit erhebt sich die Notwendigkeit einer gezielten Jugendarbeit. Der junge Mensch muß von uns zu bewußter Lebens- und Freizeitgestaltung herangezogen werden; in pädagogisch erstklassig betreuten Gruppen muß er herangeführt werden an die Schönheiten der Natur, an das wertvolle Buch, an die gute Musik, an gemeinsames Werken und Wandern, ja an gemeinsames Wirken und Wollen! (Beifall) Der junge Mensch unserer Tage muß gesprächsfähig gemacht werden – erst dann können wir auch versuchen, ihn begegnungsfähig zu machen! (Beifall) Erst der oder die Jugendliche, der bzw. die sich selbst erkannt hat, kann auch den anderen kennen und erkennen, und zwar als den Nächsten erkennen! Bei der Zusammenführung von Gruppen muß darum die Regel sein: Vor der Begegnungsmaßnahme kommt die Erkennungsmaßnahme! (Beifall) An die oft voreilig angestrebte Gestaltung von in größerem Rahmen geplanten Erholungsmaßnahmen, z. B. Zeltlager mit mehr als 10 000 Jugendlichen, ist darum erst dann zu denken, wenn die Durchführung der Erkennungs- und Begegnungsmaßnahmen bereits in der gezielten Reifung des Einzelnen ihren Niederschlag gefunden hat! (Beifall)

Nur solche begeisternden Programme werden unsere Jugendlichen wirklich anziehen können! Nur so werden wir sie in unsere Häuser der Uneinrennbaren Tür bekommen, um dort ihren Sinn für die heitere und ernste Harmonie des Lebens zu wecken und zu pflegen und sie auszurichten auf die großen kulturellen Werte des Schönen und Guten, an denen doch gerade die Geschichte unseres Volkes so reich ist! Nur so und erst dann können ihre noch bildungsfähigen Herzen und formbaren Seelen in echter Selbstverwirklichung Befriedigung finden und darum angesetzt werden auf unsere alten Menschen, auf alle Kranken und Leidenden überhaupt, auch auf den Hunger bei den Farbigen – erst dann wird ihr Einsatz an jener Front möglich, die ich bezeichnen möchte als: die Front der besseren Zukunft! (Beifall)
Ich möchte es damit, meine Damen und Herren, bei diesen wenigen Worten bewenden lassen – »bilde, Künstler, rede nicht!« heißt es zu Recht. Ich wollte Ihnen jedoch einmal die Wege aufgezeigt haben, die allein zu dem aktiven Christen, klaren Charakter und treuen Staatsbürger führen, den unsere Zeit braucht und der erstellt werden muß aus dem Material unserer Jugend, deren Kern nicht so schlecht ist wie man oft hört. Wir müssen an das Gute im Menschen glauben, (Beifall) auch in dem jungen Menschen! (Beifall)
In diesem Sinne fasse ich das Amt, das mir heute übertragen worden ist, auf. Ich danke Ihnen! (Beifall)

Beispiel 4
Angesichts der großen und ständig wachsenden Bedeutung des Sports ist es selbstverständlich, daß auch hier ein Amtsantritt, zumal auf höchster Ebene, mit einer Ansprache verbunden ist.

DER PRÄSIDENT EINES BUNDESSPORTBUNDES ÜBERNIMMT SEIN AMT

Herr Minister, meine Damen und Herren!
Vor nunmehr 30 Jahren hat Ewald Schnetzlein, als er die große Schreber-Sporthalle in Hannover-Wiesenberge einweihte, das Wort

geprägt: »Volk ohne Sport verdorrt – Volk mit Sport steigt!« Nie waren diese Worte von größerer Bedeutung als heute, denn zu keiner Zeit vor uns sind sie so aktuell gewesen wie gerade in der unsrigen! Ewald Schnetzlein selbst, der dem deutschen Sport mehr als 40 Jahre durch alle Wechselfälle unserer Geschichte hindurch in ununterbrochener Folge gedient hat, hat noch kurz vor seinem Tode gesagt: »Die große Zeit des Sport wird erst kommen!« Leider ist es ihm nicht vergönnt gewesen, die Entwicklungen mitzuerleben, welche bereits zeigen, daß er recht behalten hat und wird! (Beifall)

Worum geht es? Es geht um alles. Es geht um unsere Jugend, es geht um die Gesunderhaltung des arbeitenden Menschen, es geht um unsere Exportkraft, es geht um unser moralisches Ansehen und unsere politische Stellung in der Welt! (Beifall) Es geht, mit einem Wort, um die Zukunft! (Beifall) Daß gerade uns als geteiltem Volk eine besondere Verantwortung zufällt, auch und gerade als vorgeschobene Barriere der westlichen Welt, bedarf wohl keines Beweises. Die Überlegenheit der freiheitlichen Lebensordnung muß sich endlich auch auf den Sportplätzen und an Barren und Kugel erweisen oder sie wird sich überhaupt nicht erweisen! (Beifall)
Unter diesen Gesichtspunkten sehe ich meine Aufgabe. Solange nicht Sportplatz und Turnhalle des »deutschen Volkes liebstes Kind« sind, um mit Goethe zu reden, können wir uns nicht damit abfinden, und wir werden nicht rasten noch ruhen, bis hier eine dauernde Abhilfe geschaffen ist! (Beifall) Ich selbst bin im Felde gewesen und habe als Offizier der Bundeswehr gelernt, was Orga-

nisation ist – aber auch, was aus dem Menschen herauszuholen ist, wenn man nur will. Und hier und heute steht mehr auf dem Spiel als das Leben von ein paar Manöverkompanien und ein paar Bunker – hier geht es um Leben und Lebensrecht des gesamten deutschen Volkes! (Beifall) Auch unsere Bundesregierung muß das erkennen! (Beifall)

Ich freue mich, daß dieses hohe Amt mir Gelegenheit geben wird zu zeigen, was dieses alles in der Praxis bedeutet, und ich danke für das Vertrauen, mit dem ich hier aufgestellt und nun eingesetzt worden bin. Wir müssen und werden es schaffen! Davon bin ich in tiefster Seele überzeugt und werde mich bis zum äußersten dafür einsetzen, dem deutschen Sport jene Weltgeltung zurückzuerobern, die ihm gebührt. Denn, um noch einmal meinen Lehrer Ewald Schnetzlein zu zitieren: Volk ohne Sport verdorrt – Volk mit Sport steigt! (Großer Beifall)

IV. Protestreden

Es gibt Ansprachen, die ausdrücklich zu dem Zweck des Protestes gehalten werden; da es aber als unfein gilt, eine Ansprache nur mit Protesten zu füllen, weil dies als zu negativ erscheint, sind reine, echte Protestreden verhältnismäßig selten. Dennoch folgen hier einige Vorlagen, die auch zur Anreicherung anderer Ansprachen dienen können.

Beispiel 1
Gelegenheit zu einer Protestrede ergibt sich etwa für einen Vordenker oder Politiker, der an einem der vierteljährlichen Gemütskohlsonntage bei einem »Freundeskreis der echten Menschenbildung« etwas sagen soll.

GEGEN DEN PESSIMISMUS

Meine Damen und Herren!
Es ist im Laufe der letzten Jahrzehnte in unserem Lande Mode geworden, die Zukunft schwarz in schwarz zu malen und, allen fortwährenden Verbesserungen auf fast allen Gebieten zum Trotz, lauter Verschlimmerungen am Horizont aufzutürmen. An zahllosen Plätzen in unserer Republik, in Schulen und Kirchen, Universitäten und Familien geben Menschen den Ton an, die aus irgendeinem trübsinnigen Kaffeesatz, den sie sich krankhaft angesammelt haben, den kommenden Untergang herauszulesen: mal aus den modernen Verteidigungsanstrengungen, die auf die Rüstung des sowjetischen Machtbereichs antworten, mal aus dem immensen technischen Fortschritt, von der Kernkrafttechnik bis zur Kabelkommunikation, dessen ökologische, soziale und menschliche Folgen angeblich nicht in den Griff zu kriegen seien, mal aus der Situation in der dritten

Welt und aus der »als sicher« erwarteten Verdoppelung oder Verdreifachung der Weltbevölkerung in den nächsten Jahrzehnten.
Gegen diese Untergangsbeschwörungen kann man nicht argumentieren, denn gegenüber ungesunden, wahnhaften Glaubenssätzen, die keinen anderen Quell haben als schwächliche Lebensuntüchtigkeit, sind Argumente machtlos. (Beifall) Gegen ansteckende Krankheiten – und um eine oftmals ansteckende Geisteskrankheit handelt es sich hier anscheinend, haha! – (Gelächter, Beifall) helfen nicht Argumente, sondern Gesundheitsfürsorge und Hygienepolizei! (Gelächter, Beifall) So hilft gegen den modischen Pessimismus nur: Kraft, Gesundheit, Arbeitslust, Lebensfreude und eine damit verbundene Rücksichtslosigkeit gegen sämtliche giftverstreuende Propheten des Untergangs! (Beifall)
Vor rund achtzig Jahren sagte der deutsche Kaiser in Breslau: »Schwarzseher dulde ich nicht, und wer sich zur Arbeit nicht eignet, der scheide aus, und wenn er will, suche er sich ein besseres Land!« Das ist in der Tat das einzige Rezept gegen diese trüben Suppenköche: sie und ihr Wehgeschrei nicht zu dulden, sie als ungeeignet ausscheiden zu lassen aus unserer gemeinsamen Arbeit wie aus unserer frohsinnigen Gemütlichkeit! (Beifall)
Genau zwei Monate nach jenen Worten in Breslau sagte Wilhelm der Zweite zu dem Dichter Ludwig Ganghofer: »Ich bin ein Optimist durch und durch, und ich werde mich durch nichts abhalten lassen, dies bis an mein Lebensende zu bleiben!« (Beifall) Wie Sie wissen, meine Damen und Herren, ist das eine Geisteshaltung, die zum Glück auch acht Jahrzehnte später noch zum schönsten Besitz führender deutscher Politiker gehört (Beifall) und die aus ihrer geistigen Kraft heraus allen Pessimismus ad absurdum führt, ihn als Absurdität klar kenntlich macht! (Großer Beifall)
Wenn wir aber die Schwarzseherei nicht dulden wollen, dann kann das nur und muß das bedeuten: Wir protestieren gegen den Pessimismus und seine Handlanger! (Beifall) Protestieren, um nur einige wenige Beispiele zu nennen, gegen Angst-Feldzüge, wo von einer modernen Bombe, deren Krater kaum 12 Kilometer Durchmesser hat, behauptet wird, ihr Krater messe 20 Kilometer! Protestieren gegen die depressiven Vabanque-Spieler, die etwa den erstrebten Umbau unserer Städte gemäß den Erfordernissen des zivilen Bevöl-

kerungsschutzes in den Schmutz ihrer kraft- und verantwortungslosen Albernheiten ziehen! Protestieren gegen alle zersetzende Propaganda von verwirrten Geistersehern und Schandmäulern und verlangen, daß ihr Tun als Hochverrat gegen den deutschen Lebenswillen gerecht bestraft wird! (Langer Beifall)
Was unsere ganze Unterstützung verdient, ist das, was der deutsche Mensch braucht. Und was der deutsche Mensch braucht, ist das Gute und Schöne, die unbeirrte Begeisterung für das Harmonische, das Helle, das Lebensfreundliche, Reine, Klare und Edle, mit einem Wort: das Optimistische. Hier sind die starken Wurzeln seiner Kraft! (Beifall) Und darum möchte ich schließen mit einem anderen Wort Kaiser Wilhelms aus jenen Jahren: »Die Kräfte gespannt und die Schwarzseher verbannt!« (Großer Beifall)

Beispiel 2
Die Tradition der Protestreden hat sich als besonders lebenskräftig im Bauernstand erwiesen. Für ihn gibt es immer wieder Gründe, die den großen Protest erforderlich machen.

GEGEN EINE AGRARREGELUNG DER EG

Liebe Freunde!
In dieser ernsten Stunde, wo von einer Gefahr schon nicht mehr gesprochen werden kann, denn die Katastrophe ist praktisch da! (Beifall) In dieser Stunde hat es keinen Sinn, pflaumenweiche schöne Sätze zu machen zur Einleitung, wie das oftmals üblich ist, sondern hier muß ganz kurz und hart entschlossen in die medias res gegangen werden. Ich sage es hiermit ganz klar und deutlich: Wir deutschen Bauern lassen uns von der sogenannten Europa-Politik nicht verkackeiern! (Beifall)
Der deutsche Bauer ist nicht das fette Schwein, das auf dem Altar der EG geopfert und zugunsten anderer Völker und Gruppen sich kurz und klein trampeln läßt! (Beifall) Wenn die Herren glauben, in uns ein paar schwachsinnige Idioten vor sich zu haben, so dürften

sie einer Täuschung unterliegen – und zwar, liebe Freunde, einer Täuschung, die sich gewaschen hat und wie sie größer noch nicht dagewesen ist! (Beifall) Wir sind doch nicht die dummen Hemdenmätze, die sich vorn und hinten bescheißen lassen, damit andere daraus ihren Profit saugen können – wir nicht! (Beifall) Wenn die Arbeiter und Verbraucher am Körper der deutschen Landwirtschaft und ihres Bauernstandes dick und fett werden wollen wie Blutegel

und die Franzosen dazu, dann können wir dazu nur sagen: Nur über unsere Leichen! (Beifall) Denn noch herrscht im deutschen Landwirt die gesunde Vernunft vor und die lebendige und stolze Kraft von der Scholle seiner Ahnen und Urahnen! (Beifall)
Darum ist der Versuch, uns in Brüssel schon wieder zu verkaufen und den Verbrauchern zum Fraß vorzuwerfen, ein für allemal unabdingbar zum restlosen Scheitern verurteilt! (Beifall) Die neuesten Verhandlungen in Brüssel sind so, daß sich der Osten bloß ins Fäustchen lachen kann! Da ist immer von »Bauernlegen« und so weiter geredet worden – jetzt läßt unsere eigene Regierung ihre eigenen Maßnahmen bis zu einem Maße ansteigen, das endgültig übervoll ist und bereits den Stand von Ausrottungsmaßnahmen erreicht! (Beifall) Der Petersilienpreis ist nur das letzte Tüpfelchen auf dem i, das sich schon lange abzeichnet und von uns nicht hingenommen worden ist und nicht mehr hingenommen werden wird! (Beifall)

Angesichts des Petersilienpreises stellt sich der Minister als das heraus, was er tatsächlich ist: das gigantischste Betrugsmanöver aller Zeiten, (Beifall) das je an dem deutschen Bauernstand begangen worden ist! (Beifall) Die gesamte deutsche Landwirtschaftspolitik windet sich schon seit Jahren durch eine Sackgasse, und zwar auf unserem Rücken! (Beifall) Denn wir müssen es bezahlen! Die ganzen Petersiliensubventionen, auf denen wir Hunderte von Hektar mit Petersilie angebaut haben, sollten uns nur den Sand in die Augen streuen, der heute sein wahres Gesicht zeigt: uns durch die Herabsetzung des Petersilienpreises zu ruinieren. Das aber bringt einen Schrei der Empörung der deutschen Bauern mit sich, den unsere Regierung sich nur nicht zweimal sagen lassen soll! (Beifall) Andernfalls werden wir uns derart radikalisieren, daß bei den Herren in Bonn kein Auge trocken bleibt und sie auf den Knien zu uns heranrutschen! (Beifall) Das ist nicht bloß eine leere Drohung, sondern eine handfeste Verkündigung! (Beifall)
Der Petersilienpreis bleibt! Wenn dieser Schrei aus Millionen und Abermillionen Kehlen nicht bald mit einer maßgeblichen Wirkung in den Ohren unserer Politiker verhallt, sondern ungehört, sind wir zu allem entschlossen! (Beifall) Darum, ich wiederhole es nur noch *einmal*: der Petersilienpreis bleibt! (Wilder, frenetischer Beifall)

Beispiel 3
Relativ häufig sind Protestreden heute auch im Raum der evangelischen Kirchen, wo sie von und für Personen der verschiedensten Art gern gehalten werden. Unsere Vorlage ist gedacht für den modernen Inhaber eines hohen geistlichen Amtes, der vor einem ernsten Gremium spricht.

GEGEN DIE BESCHÄFTIGUNG HOMOSEXUELLER PASTOREN

Meine Damen und Herren!
Wenn jemand als Aufseher in einem »Museum für mittelalterliche Kunst« tätig ist und eines Tages beginnt, zwischen die schönen alten

Bildwerke irgendwelche verwirrenden Gemälde und Objekte des 19. und 20. Jahrhunderts zu hängen und zu stellen – wird das Museum diesen Aufseher wohl behalten? Oder: Wenn der Besitzer eines Büstenhalterladens erfährt, daß seine Erste Verkäuferin ihrerseits nie einen BH trägt und jeder gutgewachsenen Dame vom Kauf eines solchen abrät – wird die Verkäuferin wohl lange in dem Laden bleiben können?

Die Antworten auf diese beiden Fragen sind klar. Wenn nun die Kirche einen Pastor hat und dieser Pastor erklärt durch sein Reden und Verhalten, daß er sich mit einer von der Kirche seit 2000 Jahren mißbilligten Unsittlichkeit selbstverwirklichen müsse – soll die Kirche einen derartigen Mann in seinem Amt dulden? Solche Museumswärter, solche Ersten Verkäuferinnen, solche Pastoren befinden sich am falschen Platz! Soll das Museum seinen Namen und seine Ziele ändern, soll der Büstenhalterladen auf figurfördernde Sportgeräte umsteigen, soll die Kirche ihr vieltausendjähriges Wissen über das, was »unsittlich« ist, auf den Müllhaufen werfen – nur deswegen, damit solche Personen ihren Arbeitsplatz behalten?

Natürlich ist es für Herren auf einer Pastorenstelle, die mit anderen Herren etwas Eheähnliches spielen, nicht erfreulich, wenn sie ihre Stelle bei der Kirche deshalb verlieren. Aber ist es etwa für die Kirche erfreulich, sehen zu müssen, daß sich jemand als Gärtner für ihren Seelengarten hat einstellen lassen, der in Wirklichkeit ein falschgepolter Bock ist?

Und natürlich habe ich Verständnis dafür, daß irregeleitete Personen und Persönlichkeiten, die sich als »sensationell moderne Christen« profilieren wollen, mit viel Brimborium für solche sittlich untragbaren Pastoren eintreten, Telegramme sammeln, Unterschriftslisten schicken. Sie nennen sich »tolerant« und verlangen von der Kirche eine von ihnen »christlich« genannte Toleranz – sie verlangen Unsinniges.

Niemand verlangt von einem Schlachter, er solle so tolerant sein, auch Fleisch zu verkaufen, das nach Fisch schmeckt. Niemand verlangt, die Mailänder oder die Münchner Oper solle so tolerant sein, abends nach der Vorstellung noch zwei Stunden als Bordell zu arbeiten. Niemand verlangt, daß Medizinprofessoren so tolerant sein sollen, in ihren Vorlesungen Schlagersänger auftreten zu lassen.

Aber die Kirche – wann wohl wird man von ihr die »christliche Toleranz« verlangen, auch die Lehren Buddhas zu verkünden oder Mohammedaner zu Pastoren zu machen? Oder die »christliche Toleranz«, beim Sonntagsgottesdienst einen Triebtäter als Kleinkinderwürger mitwirken zu lassen? Christus sagt: »Ein Reich, das in sich uneins ist, zerfällt.« Die Kirche soll eine Einheit sein – wer mit den Glaubens- und Moralgrundsätzen der Kirche nicht übereinstimmt, der gehört nicht in sie hinein, sowenig wie ein Drei-Zentner-Mann in die Boxerklasse der Fliegengewichtler gehört.
Wir haben es mit Jazz am Altar und Pop unterm Kreuz wahrhaftig schon weit genug gebracht. Wer der Meinung ist, daß die Ehegemahlin eines Pastors nicht unbedingt weiblichen Geschlechts sein muß, sondern daß ein – mindestens biologisch gesehen – männliches Wesen, ein männlicher Mensch, diese Rolle der liebenden Gattin genausogut spielen kann, der ist in unserer Kirche fehl am Platze. Der soll bittesehr Leute um sich sammeln, die seine spezielle sittliche Ansicht teilen und sich so in Widerspruch zur Geschichte der christlichen Kirche setzen, und er soll bittesehr mit diesen Leuten seinen eigenen Verein aufmachen und sich von ihnen zum Pastor dieses toleranten unchristlichen Kirchenvereins bestellen lassen. Niemand wird ihm das verwehren.
Nur bei uns – bei uns ist er, wenn er seine Homosexualität nicht erleiden oder überwinden, sondern ausleben will, als Seelenhirte in der falschen Firma.
»Man kann nicht zwei einander widersprechenden Vorgesetzten dienen!« heißt es in der Bibel. Man kann sich nicht einerseits zur Homosexualität berufen fühlen und andererseits zum Pastor in unserer Kirche. Wer der Meinung ist, er sei zu beidem berufen, der irrt sich leider – entweder weiß er nicht, wie unsittlich die praktische Homosexualität ist, oder er weiß nicht, was unsere Kirche ist.
Wird er dann aber wirklich Pastor und wundert sich eines Tages, daß die Kirche ihn mit seinem homosexuellen Leben nicht haben will, dann zeigt spätestens dieses Sich-Wundern, daß er noch viel dümmer ist als unsere Pastoren normalerweise sein dürfen!
Mehr habe ich zu diesem unerquicklichen Thema nicht zu sagen.

V. Ansprachen zu Jubiläen und Gedenkfeiern

Wir haben schon früher festgestellt, daß die Ansprache so alt ist wie die Menschheit selbst. Es mag aber sein, daß nicht alle Formen der Ansprache schon von Anbeginn gepflegt worden sind; es dürfte ganz ursprüngliche gegeben haben und andere, die erst später zu diesen hinzugetreten sind. Zu den ganz und gar ursprünglichen aber zählt zweifellos die Ansprache bei Gelegenheit von Jubiläen und Gedenkfeiern. Wir befinden uns mit diesem Abschnitt also auf uraltem, ehrwürdigem kulturgeschichtlichem Felde.
Alle Jubiläen und Gedenkfeiern entstehen daraus, daß seit einem bestimmten Anlaß eine gewisse Zahl von Jahren verstrichen ist; darauf nimmt auch unsere Ansprache Rücksicht und verweist auf diesen Tatbestand, auf dieses bedeutsame und glänzende Zusammenspiel der Daten und darauf, daß die Zeit überhaupt so vergeht und wir uns dennoch erinnern bzw. daß manches auf der Welt länger Bestand hat, als man glauben sollte.

Beispiel 1
Wir beginnen mit einer Vorlage für Ansprachen anläßlich von Firmenjubiläen.

50 JAHRE GLASERS FRUCHTBONBONS

Herr Ministerpräsident, meine Herren Minister, Herr Regierungspräsident, Herr Oberbürgermeister, hochansehnliche Festversammlung!
Als heute vor genau fünfzig Jahren Hermann Glaser der kleinen Angelika Hoffmann, die dort in einem Denkmal verewigt ist, einen

von ihm halb im Spaß verfertigten Fruchtbonbon in den Mund steckte und das Kind begeistert »Aah!« rief, da hat wohl noch niemand geahnt, daß wir heute, genau fünfzig Jahre später, in so großartigen Werksanlagen aus aller Welt uns einfinden würden, um gemeinsam der seither verflossenen fünf Jahrzehnte festlich zu gedenken und dieses Werk und seinen Schöpfer zu ehren. (Beifall)

Fünfzig Jahre – das ist im geschichtlichen Ablauf ein langer Zeitraum. Die Stürme des Zweiten Weltkrieges, der Währungsreform und der sozialliberalen Koalition haben Glasers Fruchtbonbons umtost – sie aber trotzten allen Widrigkeiten, und jedesmal wenn die zerstörenden Fluten zurückwichen, dann erhoben *sie* sich wie ein Phönix aus der Asche!
Das ist vor allem und über allem das Verdienst Hermann Glasers. Sein Wahlspruch »Stets Qualität, aber die preiswert« half ihm und seinen Bonbons über alle schweren Zeiten hinweg. In Notzeiten die Preise nicht senken, in guten Zeiten sie nur erhöhen, wenn notwendig, zugleich aber immer so billig produzieren wie möglich – das waren und sind die erfolgreichen Maximen dieses wahrhaften Pioniers einer freiheitlichen Wirtschaft, dieses Unternehmers, wir können wohl sagen: par excellence! (Beifall)
50 Jahre Glasers Fruchtbonbons – das heißt zugleich: 50 Jahre rastloser Entwicklungsarbeit, die immer wieder zeigte, daß es an Glasers Fruchtbonbons nichts zu verbessern gibt; denn wirklich: Hermann

Glasers Methode und Rezept waren vom ersten Tage an vollkommen. Was immer weiter verfeinert wurde, das war die Verwendung der künstlichen Substanzen statt der soviel aufwendigeren natürlichen Stoffe und war die immer neue Anpassung des Geschmacks an den Zeitgeschmack, ja, die den künftigen Geschmack regelmäßig vorausahnende aktive Mitgestaltung des Zeitgeschmacks! Dabei war die Devise von Glasers Fruchtbonbons stets: Nicht das Neue, sonders das Bessere – Fortschritt, nicht Mode! (Beifall)

50 Jahre Glasers Fruchtbonbons, das heißt aber auch: 50 Jahre unermüdlicher Werbung, 50 Jahre sozialer Einstellung gegenüber den hier Beschäftigten, 50 Jahre Dienst am verbrauchenden Menschen! (Beifall)

Denn Glasers Fruchtbonbons haben ihre Wurzeln tiefer als nur in der hervorragenden Unternehmerpersönlichkeit Hermann Glasers. Sie haben ihre Wurzeln vor allem in seiner zutiefst ethischen Gesinnung. In einer familienfeindlichen Zeit der Familie zu helfen, in einer Zeit, da Deutschland verachtet war, durch seine Fruchtbonbons dem deutschen Namen in aller Welt wieder Klang und Würde zu geben – das waren und sind die eigentlichen und ich darf sagen: die wohl stärksten Antriebe im Werk Dr. h. c. Hermann Glasers. Daß er daneben und neben seinen zahlreichen öffentlichen Ämtern noch die innere Muße gefunden hat, als leidenschaftlicher Jäger sich sein starkes Interesse an der Kunst zu erhalten und eine große Sammlung von Jagdbildern anzulegen, das rundet das Bild und das Werk dieser erstaunlichen Persönlichkeit, die ganz aus einem Guß ist, in großartiger Weise ab.

Aber schauen wir nicht zurück, schauen wir in die Zukunft: Und so sei Hermann Glaser, ja uns allen zum heutigen Tage gewünscht, daß seine Fruchtbonbons noch viele weitere 50 Jahre um die Welt gehen und er selbst seine Kraft dem Dienst am Menschen und unserer gesamten Wirtschaft noch lange widmen möge! Schluckauf! (Großer Beifall)

Beispiel 2

Auch private und öffentliche Forschungsinstitute und wissenschaftliche Vereine lassen sich selbstverständlich keine einigermaßen runde Jahreszahl entgehen; dabei ergibt sich üblicherweise die Aufgabe, eine Ansprache zu halten, die als Bericht über die bisherige Arbeit der Institution zu gestalten ist.

175 JAHRE MICHELANGELO-FORSCHUNG

Meine Damen, meine Herren!
»Edle Einfalt und stille Größe« – mit diesen Worten hatte der tiefsensible Johann Joachim Winckelmann das Wesen der griechischen Kunst bezeichnet. Schon zu seinen Lebzeiten haben einige seiner jungen Freunde diese Charakterisierung auch auf das Werk Michelangelos anwenden wollen; einige Jahrzehnte später haben sie dann, selbst schon im reifen Alter, zusammen mit jüngeren Kameraden jene Institution gegründet, deren 175jähriges Bestehen wir heute feiern.
Meine Damen und Herren – diese 175 Jahre legen ein wundervolles Zeugnis ab für die Beständigkeit und Fruchtbarkeit einer von Liebe und Leidenschaft getragenen wissenschaftlichen Forschung. Immer neue Forschergenerationen haben hier versucht, Antworten zu finden auf die Frage: Wer und wie war Michelangelo als Mensch? Vor allem aber sind wir immer wieder der Frage nachgegangen: Wie war sein Verhältnis zu anderen Menschen? Woher etwa stammt eben jene edle Einfalt und stille Größe seiner Männer und Jünglingsfiguren? Je weiter wir in das Geheimnis seiner Persönlichkeit vorgedrungen sind, desto deutlicher zeigte sich in unseren nun 175jährigen, von interessierten Kreisen stets dankenswert geförderten Forschungen, daß den Künstler mit diesen Vorbildern mehr verbunden hat als auch heute noch mancher Betrachter denkt, und daß sie nicht nur sein künstlerisches Auge entzückten.
Ich möchte diese Tatsache und ihren kunst- und geistesgeschichtlichen Zusammenhang einmal so verbalisieren, wie wir ihn heute sehen: Edle Einfalt und stille Größe, wie sie im Werk Michelangelos ebenso angetroffen werden wie in der griechischen Kunst, sind Ergebnis einer ganz bestimmten und lebhaften Beziehung des Künstlers zum männlichen Geschlecht. Ja mehr noch: Es zeigte sich, daß – von der Sappho angefangen – überhaupt von gar keinem

Menschen wirklich bedeutende künstlerische Leistungen erbracht worden sind, wenn die geistige Wirksamkeit nicht von einer vorherrschenden Begeisterung für das eigene Geschlecht getragen war. Ich möchte die Namen nicht aufzählen, von deren Trägern dies jedermann bekannt ist. Aber erlauben Sie mir, etwa Homer zu

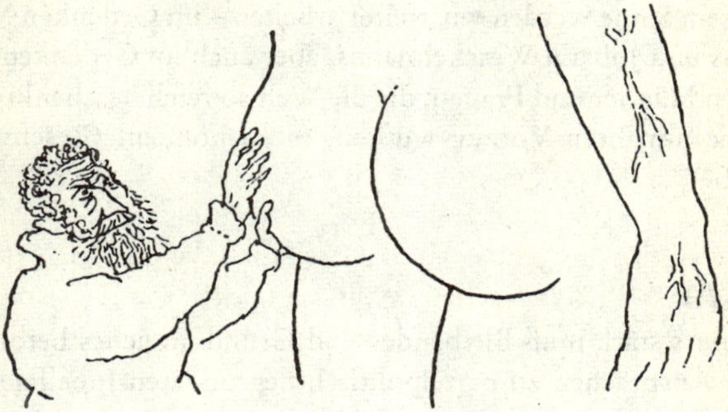

erwähnen, dessen angebliche Blindheit nur eine Umschreibung für dieselbe Tatsache ist; Dante mit seinem Virgil; Schiller, dessen »Räuber« eine genügend deutliche Sprache sprechen; Goethe, der eine entsprechende Beziehung in dem Miteinander von Faust und Mephisto gestaltet hat; Rubens, der das Publikum durch seine üppigen Frauengestalten von dieser seiner Neigung abzulenken suchte, ebenso wie Renoir; Hölderlin, in dessen »Hyperion« sich Hinweise genug finden; Mozart, in dessen Opern kaum je ein Herr ohne einen sogenannten Diener auftritt; Beethoven, dessen Napoleon-Verehrung – man denke an die Eroica – keinen anderen Ursprung hat als die Vorliebe Wagners für männliche Heldengestalten; Nietzsche und van Gogh, deren Bordell-Erlebnisse keinen Zweifel zulassen; Schubert, der seine Liederkreise jungen Männern in den Mund legte; Johann Sebastian Bach mit seiner psychoanalytisch so eindeutigen Vorliebe für die Orgel und ihre Formen; Charles Dickens, der nicht umsonst einen »Oliver Twist« geschrieben hat – doch sei es genug, ich will nicht alle Großen der Geistesgeschichte nennen. Denn wirklich: es sind alle.
Dieses hat unsere Arbeit in 175 Jahren deutlich erwiesen: Ohne

den feinen Geschmack und ästhetischen Sinn, den solche Veranlagung mit sich bringt, ist wirkliche Kunst unmöglich – und auch nicht wirklich zu verstehen. Insofern ist Kunst ein Selbstgespräch der nicht heterosexuell, d. h. der homoerotisch gestimmten, eigentlich also doch wohl: der wertvolleren Menschen, wenn man dies »wertvoll« einmal ganz wertfrei versteht.
In diesem Sinne werden wir weiter arbeiten – im Gedenken Michelangelos und Johann Winckelmanns, aber auch im Gedenken all der anderen Männer und Frauen, die die Welt so reich beschenkt haben, weil sie um ihren Vorzug wußten, es zu können! (Beschwingter Beifall)

Beispiel 3
Besonders stark muß Bleibendes und Grundsätzliches betont werden in Ansprachen zu parteipolitisch begründeten Jubelfeiern.

30 JAHRE PILZPOLITIK DER CSPDU

Meine Damen und Herren!
Es ist mehr als ein glücklicher Zufall, daß wir heute hier in Talberg zusammengekommen sind. Denn hier in Talberg war es, wo vor genau dreißig Jahren die Christlich Sozialdemokratische Politikdienst-Union ihr erstes Pilzpolitisches Programm erarbeitet, verabschiedet, vorgelegt und der Öffentlichkeit vorgestellt hat! (Beifall)
Und nicht zufällig hatten sich damals unsere Väter und Großväter zu diesem Tun hier in Talberg versammelt – war und ist doch seit jeher die pilzwirtschaftliche und pilzpolitische Tradition von Talberg ein altbekanntes Ruhmesblatt! Aus Urkunden geht hervor, daß, wie die meisten von Ihnen wissen, in dieser Region schon um das Jahr 1200 herum weithin beliebte Frischpilze wuchsen, und einige Jahrhunderte später gab der Herzog von Waldwiesen-Talberg-Hippingen die oft zitierte Parole aus: »Wenigstens einmal die Woche jeder Familie ihren Frischpilztopf!« (Beifall)
Und ebenfalls aus Talberg stammte der große und deshalb geadelte Speisepilztumswissenschaftler Carl von Zwickel, der vor hundert

Jahren gegen Ende seines Lebens das tiefsinnige Wort prägte: »Wenn es keine Pilze gäbe, müßte man sie erfinden!« (Beifall) Es führt, meine Damen und Herren, es führt eine gerade Linie von dieser Talberger Tradition zu den Anstrengungen und Aussagen der CSPDU, die seit 30 Jahren unter dem Motto stehen: »Pilzpolitik – Politik für den Menschen!« (Beifall)

Unter diesem Motto kann unsere Partei seit 30 Jahren für sich in Anspruch nehmen, ihre pilzpolitische Verantwortung, die vor allem auch eine pilzwirtschaftspolitische Verantwortung ist, nicht auf die leichte Schulter genommen zu haben! (Beifall) Unter diesem Motto wird von uns seit 30 Jahren um die politischen Folgerungen etwa aus der Erkenntnis gerungen, daß nicht jeder Pilz ein Frischpilz ist und daß darum nicht jede ausreichende Pilzversorgung auch eine ausreichende Frischpilzversorgung beinhaltet. Denn immer war uns selbstverständlich, daß in unserem hellsichtig gewordenen Zeitalter der zunehmenden Naturkostbewußtheit die freiheitliche Frischpilzversorgung nicht nur wünschenswert, sondern eine unabdingbare Notwendigkeit ist! (Beifall)

Es ging und es geht der CSPDU auch in diesem Bereich stets darum, daß wir uns rückhaltlos der gegenwärtigen Situation stellen, was für uns immer bedeutet hat: dieser Situation klar und ohne Abstriche ins Auge zu blicken! (Beifall)

Durch 30 Jahre sind wir mit dieser Haltung vorangegangen in dem Wissen: Wir können den zweiten Schritt nicht vor dem ersten tun! (Beifall) Nur wenn wir, erstens, die Situation als solche ganz klar erkennen, können wir, zweitens, unser politisches Wirken auf die gezielte Gestaltung dieser Situation ansetzen! (Beifall) Von diesem Wissen ist die pilzpolitische Arbeit unserer Partei seit nunmehr 30 Jahren getragen und unablässig durchdrungen! (Beifall)

In diesem Zusammenhang darf ich an die Worte erinnern, die vor 30 Jahren Professor Hans Arthur Wüllenkieper hier in Talberg gesagt hat. Er legte dar: »In der ganzen Geschichte des Abendlandes war ein jeder eßbarer Pilz ein eminent politischer Pilz! Vermuteten unsere Vorfahren doch von alters her zwischen den Pilzen selbst die gleiche brüderlich-solidarische Haltung, die zwischen den Menschen als höchste Tugend gilt, gemäß der Überzeugung: Zusammengehöriges gehört zusammen! (Beifall) rief man im mittelalterlichen Vorharz, wenn man einen ersten Pilz gefunden hatte, zur Anlockung weiterer in die Runde: Nachbarei, komm auch herbei! Ganz ähnlich übrigens in Frankreich: Champignon, Champignon, montre-moi ton compagnon! Das aber bedeutet: Schon damals waren die Begriffe Pilzpolitik und Solidarität eine vielschichtige Einheit!«

Diese Worte Professor Wüllenkiepers (Beifall) sind auch heute nach wie vor von unverzichtbarer Aktualität! (Beifall) Denn, meine Damen und Herren, die uns bewegende Problematik verlangt nach politischem Handeln, dem politische Entscheidungen zugrunde liegen müssen! (Beifall) So kann der grundsätzlich wertvolle Grundwert des Frischpilzkonsums nicht getrennt werden von der freiheitlich-demokratischen Grundordnung, derzufolge auf dem gleichen Grund und Boden, auf dem die privaten und öffentlich-rechtlichen Haushalte stehen, auch Platz sein muß für die ausreichende Bepilzung dieser Haushalte! (Großer Beifall) Aber selbst auf diesem Boden unseres Grundgesetzes erwächst aus unser aller freiheitlicher Überzeugung der pilzpolitisch relevante verzehrfrische Nutzpilz nur dann als eine offenkundige Realität, wenn er eine augenscheinliche Wirklichkeit darstellt! (Beifall)

Nicht umsonst haben wir seit dreißig Jahren immer wieder auch die pilzpolitische Situation der Streitkräfte und der Menschen im Atlantischen Bündnis unter die Lupe genommen. Denn wir alle wußten und wissen, daß unser potentieller Gegner im Verteidigungsfall die Pilzkulturhoheit der Länder des Warschauer Pakts faktisch negiert, was heißt: Der freie Westen stünde einer straff gebündelten Frischpilzdynamik gegenüber! Unser westlicher Trumpf aber liegt in der immer neuen Stärkung jedes Bürgerwillens zur Verteidigung seiner in Wahrheit ihm zu eigenen freien Pilzkultur! (Beifall) Das ist schon in unseren pilzpolitischen Leitsätzen von 1961 endgültig festgelegt worden! (Beifall)

Beziehen also auch wir, meine Damen und Herren, von den vergangenen dreißig Jahren ausgehend weiterhin die gesamte Faktizität der Gegenwart in unser pilzpolitisches wie pilzwirtschaftliches Denken und Handeln ein! (Beifall) Seien auch wir Realisten! (Beifall) Denn christlich sozialdemokratische Pilzpolitik treiben wollen und vor der Gegenwart den Kopf in den Sand stecken, das hieße nur: Wasser mit der Gabel in ein Sieb schaufeln! (Beifall) Von solcher Fehlhaltung ist die Pilzpolitik der CSPDU seit dem Anbeginn vor dreißig Jahren stets frei geblieben und wird, dessen sind wir sicher, auch nach abermals dreißig Jahren stets frei geblieben sein in dem unzerstörbaren Wissen um die Wahrheit der Worte: Pilzpolitik – Politik für den Menschen! (Tobender Beifall)

Beispiel 4 und 5
Schließlich seien nun noch zwei Vorlagen für Ansprachen gegeben, wie sie bei der Gedenk- bzw. Jubiläumsfeier für ein berühmtes Gebäude gehalten werden: einmal für eine Stätte der Geselligkeit und zum anderen für das Geburtshaus eines unserer Großen.

1000 JAHRE MÜNCHNER HOFBRÄUHAUS

Ja mei!
Seit tausend Joahr wird hier schon gesungen,
seit tausend Joahr wird hier die Maß geschwungen,
seit tausend Joahr rinnt hier der Gerstensaft von dem Faß,
seit tausend Joahr wird hier jede Kehle naß –
seit tausend Joahr!

Ja mei!
Seit tausend Joahr
sieht hier die Welt deutsche Fröhlichkeit,
seit tausend Joahr gibt es hier Musi und Deandlkleid,
seit tausend Joahr
ist hier der Ansatz von feschen Busen zu sehen,
seit tausend Joahr
krachlederne Hosen, die stramm sitzen und stehen –
seit tausend Joahr!

Ja mei!
Seit tausend Joahr ist hier die schönste Stelle vom Reich,
seit tausend Joahr
ist hier das wahre Deutschland, das sieht man gleich,
seit tausend Joahr
wird hier dem deutschen Namen Ehre gemacht,
seit tausend Joahr
steht hier der deutsche Charakter im Bier und lacht –
seit tausend Joahr!

Ja mei!
Seit tausend Joahr
gibt es hier Hofbräu und Musi und Radi und Gaudi,
seit tausend Joahr
gibt es hier Prügel für ausländische Raudi,
seit tausend Joahr
wird hier Qualm und Lärm und Gestank hervorkehrt,
seit tausend Joahr
wird hier das deutsche Wesen verkörpert –
seit tausend Joahr!

Ja mei!
Seit tausend Joahr, tausend Joahr, tausend Joahr,
seit tausend Joahr
ist alles andere schon gar nimmer wahr,
seit tausend Joahr, tausend Joahr, tausend Joahr,
seit tausend Joahr

ist's Hofbräu das Vaterland wie's immer war,
seit tausend Joahr, tausend Joahr, tausend Joahr,
seit tausend Joahr
wird hier gsuffa für Af- und Amerika,
seit tausend Joahr, tausend Joahr, tausend Joahr,
seit tausend Joahr

ist's Hofbräuhaus Bayern, ist Deutschland fürwahr,
es gibt ja nix Deutschres,
nix Deutschres seit tausend Joahr,
ja mei, ja mei –
als das Hofbräuhaus, als das Hofbräuhaus,
seit tausend Joahr,
ja mei –
seit eintausend Joahr! (Unbeschreiblicher Beifall)

500 JAHRE BONNER BEETHOVENHAUS

Herr Bundespräsident, Herr Bundeskanzler, Eminenzen, Exzellenzen, meine Herren Minister, meine Damen und Herren, hochansehnliche Festversammlung!
Hier ist er geboren worden, hier hat seine ringende Seele das Licht der Welt erblickt, hier hat er seine ersten Jahre verbracht – Ludwig van Beethoven! Heute aber, heute sind es 500 Jahre, daß diese Weihestätte deutschen Geistes, daß dieses begnadete und geadelte Haus, daß dieses Bonner Beethoven-Haus mit der ganzen Kraft seiner geistigen Ausstrahlung auf deutschem Boden steht. Dieses schlichte Haus, wenige Jahrzehnte vor Ludwig van Beethovens Geburt erbaut – wer hätte wohl damals geahnt, daß noch nach 500 Jahren die Menschheit und vor allem die deutsche Menschheit zu diesem Hause pilgern würde?
500 Jahre! Seit dieses Haus zum erstenmal für den niemals abreißenden Besucherstrom geöffnet wurde, sind 865 297 432 Besucher durch diese Räume geschritten, haben ihre Seele vollgesogen an dem unvergänglichen Glanz des Genius, ihr Herz gelabt an der Aura dieses unsterblichen deutschen Musikers. So hat dieses Haus

Schätze ausgeteilt, unübersehbar, und vor allem den Deutschen immer wieder gesagt, welche Würde und welcher Stolz es ist, dem Volke anzugehören, das diesen Großen hervorgebracht hat. Nicht umsonst waren unter den Besuchern, deren Zahl ich eben genannt habe, die Deutschen allein mit 799 824 613 Personen vertreten, also mit einer erdrückenden Mehrheit!

Immer wenn in diesen Jahrhunderten einen Deutschen die Frage bedrängte: Wer und was und wie sind die Deutschen, wer sind wir, wer bin ich mit diesem Volk? – dann wandte er seinen Fuß hierher, um in diesem Hause der Antwort innezuwerden: das Volk Beethovens! Immer wenn in diesen Jahrtausenden das Deutschtum verspottet, geschmäht, verachtet wurde, hat sich unser Land stets neue Kraft geholt in diesen Räumen. Denn ein Volk, das einen Beethoven hervorgebracht hat, ist nicht zu schmähen, keine Kritik, kein Haß kann es treffen – denn für dieses Volk zeugt die Musik, die Musik, die es mit Ludwig van Beethoven geschaffen hat! (Beifall)
Alle Flecken aber, die eine fünfhundertjährige Geschichte unvermeidlicherweise auf ein Volk wirft und die durch immer wieder aufflackernde Eroberungslust, durch Massenmorde und verheerende Irrtümer sich ergeben können – alle diese Flecken sind stets verblichen unter der Gewalt der Strahlung, die von diesem deutschen Hause, ja diesem deutschesten aller Häuser ausging, von diesem deutschesten aller deutschen Schöpfer von Kunst: von Ludwig van Beethoven. Was auch geschehen sein mochte: noch immer

hat der Schritt unter dieses Dach uns Deutsche entsühnt, denn keine Macht der Welt konnte ihn uns rauben, ihn, der auf ewig der Unsrige ist und dem kein anderes Volk eine vergleichbare Gestalt an die Seite stellen konnte und kann: Beethoven.

In seinem Geiste sei darum nun das Denkmal enthüllt, das an dieses 500jährige Bestehen des Hauses, das an den heutigen Tag erinnern soll! (Auf einen Wink fällt die Hülle; großer Beifall)

Auf ewige Zeiten möge dieses Denkmal seine Wahrheit verkünden, auf ewige Zeiten möge dieser Deutsche Adler, dem der Künstler das Gesicht Beethovens gab, unserem Volk Trost und Stärke sein – auf ewige Zeiten möge in den deutschen Seelen leuchten der diesem Denkmal eingelassene Spruch: *»Wir sind Beethoven!«* (Sehr großer Beifall, dann Schlußchor aus der neunten Symphonie: »An die Freude«)

VI. Ansprachen bei Preisverleihungen

Bei der Verleihung großer Preise pflegen mindestens zwei Ansprachen gehalten zu werden: eine von einem Vertreter der Institution, die den Preis vergibt, und eine weitere von dem Empfänger des Preises. Da sie in aller Regel so gut wie identisch sind, beschränkt sich unsere Sammlung darauf, für jeden Anlaß nur entweder die eine oder die andere Ansprache im Muster vorzulegen.

Beispiel 1
Unsere erste Vorlage nun ist gedacht für eine quasi staatsamtliche Preisverleihung, bei der allein von seiten des Verleihgremiums gesprochen wird.

PREISVERLEIHUNG BEIM BUNDESWETTBEWERB »JUGEND HORCHT«

Liebe Preisträgerinnen und Preisträger, meine Damen und Herren! Zum zweiten Male findet heute diese schöne Preisverleihungsfeier statt, denn nun zum zweiten Male ist der Bundeswettbewerb »Jugend horcht« ausgeschrieben gewesen und entschieden worden. Der gemeinsam vom Bundesverfassungsschutz, dem Bundesnachrichtendienst, dem Militärischen Abschirmdienst, dem Bundesinnenministerium und der Bundesvereinigung der Werkschützerverbände ausgerichtete große Wettbewerb »Jugend horcht« hat auch in diesem Jahr eine über jede Erwartung hinausgehende rege Beteiligung gefunden! (Beifall) Demzufolge haben die Instanzen unseres Preisrichterkollegiums einige Monate mehr benötigt als ursprünglich vorgesehen, um zu Entscheidungen zu kommen, die sie zu

Recht für gerecht halten konnten.
Wenn wir uns heute in diesem schönen und so reich mit lebensfrohen künstlerischen Blumen geschmückten Festsaal des Sicherheitstrakts des Bundesfortbildungsamtes für inneren Schutz und Schirm versammelt haben, dann in der beglückenden Gewißheit, daß die Siegerinnen und Sieger des Bundeswettbewerbs nunmehr hier ausgezeichnet werden und daß jeder von ihnen diese Auszeichnung verdient hat! (Beifall) Sämtliche Siegerinnen und Sieger erhalten, je nach der Entscheidung des Preisrichterkollegiums, das Große bzw. Mittelgroße Bundesverdienstohr in Gold, Silber oder Bronze! (Großer Beifall)
Die staatstragend freiheitsbewußte Haltung aller dieser jungen Menschen, von denen der jüngste neun, der älteste neunzehn Jahre alt ist, haben meine Vorredner und Vorrednerinnen bereits ausführlich gewürdigt. Besonders gefreut haben, zusammen mit den Preisträgerinnen und Preisträgern, wir alle uns wohl über die Worte, die der Vertreter der elektronischen Industrie und die Sprecherin der Deutschen Ohrenarzt-Liga zum Ausdruck gebracht haben! (Beifall) Diese Worte, meine Damen und Herren, haben auch, so möchte ich sagen, entschädigend gewirkt für die etwas verständnislosen Stellungnahmen zu unserer Feier, die sowohl der Kinderschutzbund als auch der Elternschutzbund vorgestern in die Presse lanciert haben. (Beifall)
In wenigen Minuten wird nun ein junger Mensch nach dem anderen hier auf die Bühne kommen und seine Auszeichnung in Empfang nehmen. Genauso selbstverständlich wie es ist, daß die anwesenden Preisträgerinnen und Preisträger eine schmale Gesichtsmaske tragen, ist es selbstverständlich auch, daß ihre Namen ungenannt bleiben. Und wenn auch eine Mitteilung darüber, worin die besondere Horchleistung des jeweils Geehrten bestanden hat, aus Sicherheitsgründen entfallen muß, so können doch wir alle – wie jeder mündige Bürger der Bundesrepublik – uns in der glücklichen Sicherheit wiegen, daß ein jeder dieser jungen Verdienstohrträger ein Garant ist für das Fortbestehen unserer freiheitlichen Zukunft! (Beifall)
Ich gratuliere den jungen Menschen zu ihrer Auszeichnung, (Beifall) ich gratuliere uns zu diesen jungen Menschen! (Beifall)

Beispiel 2
Soll, wie sehr häufig, eine Preisverleihung vor allem der Eigenwerbung des Verleihers dienen, so ist die Ansprache zum Ruhm der Preisträger selbstverständlich fein darauf abgestimmt.

VERLEIHUNG DER FORSCHER-BARBIE DER ZEITSCHRIFT »KOMM!«

Verehrte Herren Doktoren Ripp und Winkel! Meine Damen und Herren!
Diese goldene Barbie, die heute von »Komm!«, der Zeitschrift für mehr Lebensqualität, an das Forscher-Duett Ripp und Winkel verliehen wird, drückt das aus, was angesichts der Leistung der beiden Herren viele Millionen Menschen empfinden: Dankbarkeit! (Beifall) Dankbarkeit für einen riesigen Schritt vorwärts auf dem Wege, den wir alle und nicht zuletzt die große Familie unserer Zeitschrift als den menschlich entscheidenden Weg unserer Zeit betrachten, auf dem Weg zu mehr Lebensqualität! (Beifall)
Lebensqualität, meine Damen und Herren, ich brauche es Ihnen nicht zu sagen, entsteht nicht allein aus der Anhäufung von Besitz an toten Gegenständen. Lebensqualität entsteht vor allem dadurch, daß unser menschliches Herz sprechen kann, daß es sich lebensvoll angesprochen fühlt und sich lebendig ausspricht! (Beifall)
Ich verrate Ihnen kein Geheimnis, wenn ich Ihnen sage, daß gerade unsere Zeitschrift immer wieder ausführlich auf die große Bedeutung eingegangen ist, die für mehr Lebensqualität alle jene lebendigen Wesen haben, die der deutsche Sprachgebrauch als »unsere kleinen Lieblinge« bezeichnet. Sie, die an uns hängen, an denen wir hängen, über deren Gegenwart und über deren Dankbarkeit für unsere Zärtlichkeit und Fürsorge wir uns freuen – unsere kleinen Lieblinge sind ein entscheidender Faktor verwirklichter Lebensqualität! (Beifall) Vom kecken Wellensittich bis zum großen Kakadu, vom glucksenden Säugling bis zur schnurrenden Siamkatze, vom Goldhamster bis zum Zwerg-Pony, vom treuherzigen Hirtenhund bis zum lachenden Vorschulkind wirken sie alle wie ein von der Natur geschenkter Balsam, der unsere Lebensqualität steigert!

Alle Menschen aber, die dies erkannt haben, meine Damen und Herren, alle Menschen seit der fernsten Urzeit und auch wir alle standen immer von neuem vor der furchtbaren Frage: »Was tun mit dem Liebling, wenn man aus Krankheits- oder Urlaubsgründen oder wegen Streß-Überlastung keine Zeit für seinen kleinen Liebling hat?«
Diese, man kann wohl sagen Menschheitsfrage ist für die Herren Ripp und Winkel zur Herausforderung und zum unermüdlichen Ansporn ihres Leistungswillens geworden! (Beifall) Mit dem von ihnen beiden nach jahrelanger Arbeit nun zur Gebrauchsreife entwickelten Ripp-und-Winkel-Verfahren ist die erlösende Antwort auf unsere Erde gekommen! (Beifall)
Dank ihrem Verfahren ist es, wie bereits weltbekannt geworden, ohne weitere Schwierigkeiten möglich, kleine Lieblinge aller Art, eben vom Wellensittich bis hin zum Vorschulkind, völlig gefahrlos beliebig lange einzufrieren. Diese Weiterentwicklung der dauergekühlten Abrufbereitschaft von Ei- wie Samenzellen und des Embryo-Frosting ist Wissenschaft, wie wir sie uns wünschen: Wissenschaft für den Menschen, (Beifall) Wissenschaft für mehr Lebensqualität! (Beifall)
Denn auch wenn jemand vielleicht die meisten Monate des Jahres gar keine Zeit für seinen Liebling hat, so darf er nun doch ganz unbesorgt sein: Leicht können wir das uns ans Herz gewachsene Kätzchen, Kindchen oder Vögelchen beispielsweise für ein langes Wochenende oder für das Weihnachtsfest auftauen und es unverändert wie eh und je mit uns zusammensein lassen, um es dann, nach Ablauf der gemütlichen Feiertage, wieder sicher beiseite zu tun, bis zum nächsten Mal.
Unsere Lebensqualität erlebt keine Einbußen; wir sind für unsere Lieblinge da, unsere kleinen Lieblinge sind für uns da, wann immer wir wollen! (Großer Beifall)
Das, meine Damen und Herren, ist die unvergängliche Leistung der Herren Ripp und Winkel! (Beifall) »Komm!«, die Zeitschrift für mehr Lebensqualität, schätzt sich unendlich glücklich, gerade ihnen beiden die diesjährige Forscher-Barbie überreichen zu können! Bitte, meine Herren! (Sehr großer Beifall)

Beispiel 3
In Aachen verliehen wird der »Orden wider den tierischen Ernst«. Obwohl dieser jährlich vergebene Preis der einzige seiner Art ist, bringen wir eine Vorlage für eine Ansprache des Empfängers, und zwar deswegen, weil niemand ganz sicher sein kann, nicht eines Tages ebenfalls mit diesem Preis geehrt zu werden, – ähnlich wie dies beim Nobelpreis für Literatur der Fall ist. In unserer Vorlage ist der Redner als ein Minister gedacht; das Auditorium besteht bei dieser Verleihung stets aus Karnevalisten und entsprechend gestimmten Bürgern sowie der internationalen Presse.

ENTGEGENNAHME DES »ORDENS WIDER DEN TIERISCHEN ERNST«

Herr Präsident, verehrte Ritter des Ordens wider den tierischen Ernst, meine Damen und Herren!
An dem Morgen, als ich von der Ehre erfuhr, die mir hier in Aachen zuteil werden sollte – an dem Morgen war ich, ich muß schon sagen, einigermaßen verblüfft! (Heiterkeit) Ich habe mich ernstlich gefragt, ob ich denn kein seriöser Mann bin! (Heiterkeit) Aber zugleich empfand ich auch ein wenig so etwas wie Demut, weil ich niemals daran gedacht hatte, daß meine Bemühungen, nicht überall nur den ganz tierischen Ernst walten zu lassen, in der Öffentlichkeit überhaupt bemerkt werden würden. Vor allem aber, auch das darf ich sagen, empfand ich eine durchaus echte Dankbarkeit, und zwar deswegen, weil ich dieses rheinische Treiben der Heiterkeit – ich selbst bin Mecklenburger – immer sehr hoch geachtet habe und weil ich Ihr Anliegen, den Ernst nicht allzu tierisch werden zu lassen, stets auch als mein Anliegen aufgefaßt habe! (Beifall) Allerdings nur als ein Anliegen unter mehreren – (Heiterkeit) denn ein wenig muß ich mir ja auch meine ministeriellen Aufgaben angelegen sein lassen! (Lebhafte Heiterkeit)
Mit den Ministern, das ist ja überhaupt eine ganz eigene Sache. (Heiterkeit) Vor einiger Zeit erklärte mein Kabinettskollege Schober – ich darf das hier erzählen, ich habe ihn vorher gefragt – (Große Heiterkeit) in einer Ausschußsitzung über die Kaffeesteuer: »Was,

wir tagen hier über Kaffee und bekommen nur Saft? – Dann gehe ich jetzt in mein Büro Kaffee trinken!« (Große Heiterkeit, Beifall) Sehen Sie, so sind die Minister! (Heiterkeit) Freilich: Minister Schober führte den Vorsitz (Heiterkeit), und die Zeit der Pause war sowieso gekommen! (Beifall, Heiterkeit)
Aber solch eine geistreiche Bemerkung zu machen und auch, sie richtig zu verstehen – das eben ist eine Sache des Humors! (Beifall) Seit vielen Jahren hängt in meinem Büro der Spruch »Hab Sonne

im Herzen!« (Beifall), für den ich mich schon als junger Mensch erwärmt habe, (Beifall) weil ich zeit meines Lebens daran geglaubt habe, daß mit ein wenig Humor am rechten Platz zur rechten Zeit alles leichter geht! (Kräftiger Beifall) Manchmal hört man, die Deutschen hätten keinen richtigen Humor. Ich glaube allerdings, das stimmt ganz und gar nicht. (Beifall) Schon bei Luther finden wir ihn, und so immer wieder in unserer Geschichte, und wenn man versucht hat, ihn einzudämmen, so hat sich dieser ganz ursprüngliche Humor immer wieder durchgesetzt. (Beifall) Vielleicht ist unser Humor ein anderer als der anderer Völker, die wie die Franzosen mehr das anzügliche oder spitz schmähende Wort oder wie die Engländer das etwas makabre für Humor halten – aber das wäre auch noch zu fragen, ob das denn wirklich echter Humor ist! (Großer Beifall)

Es gibt ein Sprichwort, das heißt: »Humor ist, wenn man trotzdem lacht!« (Heiterkeit, Beifall) Ich möchte dieses wahre Wort noch etwas vertiefen und seine Wahrheit noch verstärken, indem ich sage: »Humor ist, wenn man trotzdem lachen *kann*!« (Beifall) Denn das ist wie in der Schule: Der kleine Fritz, der nicht rechnen *kann*, dem nützt es gar nichts, wenn er die ganze Stunde rechnet! (Große Heiterkeit) Ich selbst habe das in einem Vierzeiler an einen Mitarbeiter meiner Statistischen Abteilung einmal so ausgedrückt:

Da siehst Du nun immer die ganz vielen Zahlen,
und ich verstehe, daß sie bereiten Dir Qualen,
aber bleibe nur trotzdem guten Mutes;
denn wer richtig rechnen kann, tut es!
(Stürmische Heiterkeit)

Ich glaube, das war so ein Weg, den tierischen Ernst, dem Sie hier den Kampf angesagt haben, aus dem Alltag ein wenig zu verbannen, der sowieso ernst genug ist. (Beifall) Übrigens hat ein Neffe von mir den Namen Ernst – und ich habe ihm lange erklären müssen, daß dieser Orden heute nicht gegen ihn gerichtet ist! (Stürmische Heiterkeit) Und es ist ja auch ganz klar: da er mein Neffe ist, kann er folglich nicht tierisch sein! (Sehr stürmische Heiterkeit). So ist unsere ganze Familie zufrieden – denn, und mit diesem Dankesspruch an Sie möchte ich schließen:

Ist der Vater in den Besitz gekommen von einem Orden, fühlt sich die ganze Familie wie etwas »geworden«.

(Nicht enden wollende, sehr stürmische Heiterkeit, jubelnder Beifall)

Beispiel 4

Die meisten Literaturpreise sind nach berühmten Dichtern und Schriftstellern benannt; am häufigsten nach Goethe, doch kommen auch andere vor, so der Wieland-Preis, der Johann-Heinrich-Bartscherer-Preis, der Theodor-Fontane-Preis, der Büchner-Preis usw. In jedem Fall muß der Preisträger sich dann in seiner Ansprache auf das Werk dieses Preisnamensträgers beziehen. Unsere Vorlage führt das für den Büchner-Preis der Deutschen Akademie für Sprache und Dichtung vor; auf die hier eingearbeitete kleine aufsehenerregende Note kann je nachdem verzichtet werden.

ENTGEGENNAHME DES BÜCHNER-PREISES

Herr Präsident, meine Damen und Herren!
Dichten, überhaupt das Verfertigen von Kunst, gleicht heute mehr denn je einer Wissenschaft, in der einer über des anderen Fortschritte unterrichtet sein muß, will er nicht dessen Wege noch einmal gehen, sondern beitragen zu einer Entwicklung, die dem modernen Menschen folgt, ihn begleitet, ihn führt.
Es bleibt aber die Frage nach dem Gestern. Diese Frage stellt sich vielleicht in der Welt des Lyrikers schärfer als irgendwo sonst. Und gewiß ist es weniges, auf das er sich beziehen wird – vielleicht nur einzelne Verse, nur einzelne Sätze, die ihm überkommen und von ihm in einem lebhaften Sinn übernommen worden sind.
Mein Leben spannt sich zwischen acht, neun oder zehn solchen Sätzen wie ein stets gefährdetes Netz; einer dieser Pfosten aber ist eine Passage aus Georg Büchners Woyzeck. Die Passage, die der Dichter dort mit unendlicher Zurückhaltung einem Handwerksburschen in den Mund legt, beginnt mit der Frage: *»Warum ist der Mensch?«* Diese Radikalität der Fragestellung, die so durch und

durch der Büchnerischen Kühnheit entspringt, die Radikalität und die Direktheit dieser Frage – sie ist ja der eigentliche Wurzelgrund jeden dichterischen Schaffens. Diese Fragestellung zu diffamieren aber ist allezeit die Aufgabe jener, die uns verfolgen!

Georg Büchner fährt dann fort: *»Warum ist der Mensch? – Aber wahrlich, ich sage euch: Von was hätte der Landmann, der Weißbinder, der Schuster, der Arzt leben sollen, wenn Gott den Menschen nicht geschaffen hätte?«* Büchner beantwortet die Frage mit einer Frage – mit einer Frage, die das Individuum im Konflikt mit der Gesellschaft zeigt. Sie reicht in den Kern poetischer Existenz, sie kommt aus diesem Kern – denn der Dichter, der zunächst für sich schafft, wie Gott den Landmann für sich schafft, er schafft doch auch für den Menschen, so wie Gott den Landmann auch für den Menschen schafft. Und so auch schafft wiederum der Landmann für den Menschen – nicht anders der Dichter, der endlich auch für jene Gesellschaft schafft, die ihn verfolgt. Verfolgt.

Es kommt dann in dem Passus Büchners eine zweite Frage, die ich jetzt auslasse, und schließlich eine dritte, die ebenfalls Antwort geben soll auf jene Frage »Warum ist der Mensch?«, und Georg Büchner sagt so: *»Von was hätte der Soldat leben sollen, wenn Gott den Menschen nicht mit dem Bedürfnis, sich totzuschlagen, ausgerüstet hätte?«* Und hier sind wir in dem allerletzten Zentrum poetischer Existenz der Neuzeit. Denn was, was anders ist der Dichter heute als ein Mann, der für die Menschen dasein will, und der sein Lied anstimmt inmitten der ihn umringenden Meute dieser Menschen, die ihn totschlagen will, oder um mit Büchner zu reden: das Bedürfnis hat, ihn totzuschlagen?

Ja, ich weiß es: Die Reinmachefrau versucht, mich aus der Wohnung zu treiben; das Postfräulein besteht darauf, die Marke selbst aufzukleben, statt mir das Vergnügen zu gönnen, jenen kindheitserinnerungsträchtigen Geschmack des Klebstoffes zu kosten; Kinder werfen mit Bällen nach mir, Autobusfahrer drängen ihre Gefährte hinter mir her, bis ich mich flüchte in schmalste Gassen, der Schuster treibt Nägel durch meiner Schuh Sohlen, daß ich am Tetanus verenden möge, Telefonanrufe jagen mich Tag und Nacht, aus dem Rundfunk höre ich das Johlen der Menge, die irgendwo auf mich wartet, alte Weiber sogar schleichen murmelnd mir nach, und selbst

die Hunde weichen mir aus, wenn sie nicht nach mir schnappen! Verfolgt! verfolgt! weil ich dichte – dichte für sie alle!
Und so fühle ich mich zu jeder Stunde mit Georg Büchner verbunden. Denn Wahreres hat niemand gesagt – und wenn nach dem Mord an mir neben vielen anderen berühmten Preisen auch dieser Büchner-Preis mein Grab zieren wird, dann mag diese Welt seine Stimme fragen hören: Warum ist der Mensch? Und es wird Antwort sein. (Langanhaltender, bewegter Beifall)

Beispiel 5
Nie darf man vergessen, was eigentlich mit dem Preis geehrt wird, den man entgegennimmt; stets muß unsere Rede mit dem Sinn und dem Zweck des Preises verbunden sein. Das gilt auch von dem Preis, bei dessen Entgegennahme etwa die folgende Rede gehalten werden kann:

ENTGEGENNAHME DES FRIEDENSKULTURPREISES DES DEUTSCHEN FAHRZEUGBAUS

Herr Bundespräsident, Herr Vorsitzender, meine Damen und Herren!
Im Ursprung Europas, im klassischen Griechenland, galt den Philosophen und Dichtern das Wahre, Gute, Schöne als eines. Diese Einheit hat jahrtausendelang vor den großen Geistern der Menschheit gestanden, ist manchmal in Verruf, fast in Vergessenheit geraten – unserer Zeit aber ist es aufgetragen, diese Einheit zu verwirklichen. Zu verwirklichen endlich auf demjenigen Felde, wo die Weltgeschichte selbst sie fordert und sich weigert, ohne sie weiterzugehen: auf dem Feld des Verhältnisses der Völker zueinander.
Forschen wir jenem Satz von der Einheit des Wahren, Guten und Schönen nach, so werden wir sagen müssen: Das Gute ist die Wahrheit der Form. Die Wahrheit der Form aber im politischen Leben ist der Frieden.
Ich war noch ein junger Mensch, als einmal einer meiner Lehrer eine vollkommene Vase auf den Tisch stellte mit dem Bemerken:

»Unserem Jahrhundert ist aufgegeben, diese Vase über der ganzen Welt zu errichten.« Die Welt als Vase, als geeinigtes Gefäß, als durch Gefaßtheit Fassendes – das ist Ursprung und Ziel dessen, was wir mit einem unvollkommenen Wort im Politischen Frieden heißen.

Blumen in einer Vase – vollkommene natürliche Form in vollkommener künstlicher Form. Die Wahrheit der Form in beiden. Und doch wird die Wahrheit der natürlichen Form erst in der Wahrheit der künstlichen Form ganz offenbar, kommt erst hier ganz zu sich selbst. Dieses Im-Aufgefangenwerden-zu-sich-selbst-Kommen, das eigentlich heißt Befriedigung aus dem Guten. Der Frieden, um den die Welt unserer Tage sich so bemüht, wird nicht kommen, wenn nicht Welt überformt wird mit der Wahrheit der künstlichen, der geistigen Form – erst dann wird Welt ins Gute, in die Wahrheit ihrer natürlichen Form treten. Frieden, das heißt: Einheit der Wahrheit der Form.

Damit freilich ist erst die Aufgabe bezeichnet; zugleich aber auch gesagt, daß diese unsere Aufgabe eine eminent politische ist. Die Lebensfrage dieses Zeitalters ist, wieweit wir diese Aufgabe wirklich den Politikern überlassen können. Ein alter japanischer Spruch sagt: »Die Kunst des Blumenbindens ackert den Frieden«, und das will heißen: Der Frieden als die politische Wahrheit der Form beginnt in der täglichen Herstellung und Wiederherstellung der Form in den engsten Bereichen und alltäglichsten Verrichtungen.

Wenn Menschlichkeit sich vollendet in dem erwähnten Völkerfrieden – und ich erinnere hier an das Aufatmen der Menschen bei dem Moskauer Atomstop-Vertrag –, dann ist Völkerfrieden nicht herbeirufbar, sondern nur zu gestalten von jedem einzelnen von uns und beginnt schon in jener Morgenstunde, da wir in unserer Häuslichkeit die Frage nach der Wahrheit der Form stellen und Menschlichkeit Gestalt werden lassen in der Gestaltung des uns umgebenden Raumes, in der Einheit der Wahrheit seiner natürlichen und geistig-künstlichen Form. Nichts anderes auch meinte einst der amerikanische Präsident John F. Kennedy mit dem Satz: »Ich bin ein Berliner!«, mit dem er seine tiefste Überzeugung zum Ausdruck brachte, daß er selbst stets ein ganz Alltäglicher werden müsse, um Frieden zu gestalten, und daß andererseits ein jeder Berliner am Werk des

Friedens so tätig sein könne wie der amerikanische Präsident, wenn nur ein jeder begänne, Frieden im Ursprung zu gestalten, also Frieden zu ackern, wie etwa in der Kunst des Blumenbindens.
Manchem von Ihnen, meine Damen und Herren, mag der Weg lang und beschwerlich erscheinen, und gewiß sähen wir alle gern den Frieden morgen heraufziehen wie das Sonnenlicht. Aber was für ein Frieden sollte das sein, der dieser Welt mit einer brutalen Friedensbewegung einfach übergestülpt würde wie ein fremdes Kleid? Wo wäre da jene Wahrheit der Form, die allein den Namen Frieden verdient? Nein, ein solcher Frieden wäre Lüge und Betrug, wäre Ungestalt und Wechselbalg, Ausgeburt, Moloch, wäre Scheinglanz des Bösen.

Nein, der wirkliche Frieden ist anders. Wir sind ja bereits auf dem Wege, wir alle, jeder für sich – und vor allem: wir haben das Schwerste schon hinter uns. Das Schwerste aber ist, den Weg zu wissen und zu kennen, der gegangen werden muß, um ans Ziel zu gelangen. Und wir Heutigen, wir kennen den Weg, viele von uns haben ihn schon betreten – wir müssen ihn nur noch zu Ende gehen. Zu Ende: das heißt zum Ziel. Zu jenem Ziel, das die Einheit der Wahrheit der natürlichen und der künstlichen, der geistigen, der menschlichen Form ist und das wir nennen mit diesem einen seligen Namen: Frieden. (Schweigen, dann langer bewegter Beifall)

VII. Ansprachen im Betrieb

Wie keine menschliche Einrichtung auf die Dauer ohne Ansprachen bestehen kann, so auch der Industrie- oder Handelsbetrieb. Nicht nur bei Jubiläen und Beerdigungen, auch bei anderer Gelegenheit werden Ansprachen notwendig – sei es von Arbeitgeber-, sei es von Arbeitnehmerseite. Ansprachen von Arbeitgeberseite sollten stets ein gewisses Wohlwollen für die Arbeitnehmer zeigen, zugleich aber deutlich machen, daß die betriebswirtschaftlichen Notwendigkeiten manche Standpunkte unausweichlich machen; wer für die Arbeitnehmer spricht, wird ebenfalls geschickt taktieren, vor allem einen Standpunkt verteidigen, wenn möglich sogar vorwärts.

Beispiel 1
Unsere erste Vorlage ist in ähnlicher Form bei allen möglichen Betriebsfeiern, -ausflügen etc. zu verwenden.

DER ARBEITGEBER BEIM WEIHNACHTS-KAFFEE DER PENSIONÄRE

Meine lieben alten Mitarbeiterinnen und Mitarbeiter
unseres Hauses!
Es ist, wie ich meine, schon zu einer guten Tradition unserer Firma geworden, daß jedes Jahr um die Weihnachtszeit unsere alten Mitarbeiterinnen und Mitarbeiter einmal hierher zurückkehren. Hier an der Stätte Ihres einstigen Wirkens können Sie gemeinsam wieder einmal alte Erinnerungen auffrischen und Ihrer treuen Verbundenheit mit unserem Werk echten Ausdruck geben. (Beifall)
Darum habe ich es mir auch dieses Jahr wieder nicht nehmen lassen, selbst in Ihrer Mitte zu weilen. (Beifall) Denn mit unserer Einladung an Sie wollen wir ja auch unserer Verbundenheit mit Ihnen Aus-

druck geben, und so möchte ich ganz persönlich diese Adventsstunde mit Ihnen verbringen. (Beifall)
Sie haben vorhin unser neues Werk A besichtigt und waren gewiß erstaunt, wie sehr sich der Arbeitsprozeß gegenüber früher verändert hat. Ja, die technische Entwicklung steht nicht still, und ich kann mir wohl denken, daß Sie manchmal ganz stumm dastehen vor diesen Leistungen des Fortschritts. Man darf eben nicht stillstehen, »wer rastet, der rostet« sagt das Sprichwort, und vor allem: er fällt im Rennen immer weiter zurück. In der Wirtschaft muß man jung bleiben, und darum ist auch unsere Firma stets bemüht, auf der Höhe der Zeit zu sein, auch wenn die vielen Neuinvestitionen natürlich eine große Menge Geld verschlingen.
Viele von Ihnen, meine lieben alten Mitarbeiterinnen und Mitarbeiter, würden sich in diesem neumodischen Kram wohl gar nicht mehr zurechtfinden, und sicher trauert mancher den alten Zeiten und seinem alten Arbeitsplatz ein wenig nach, wie? (Chor der Alten: »Ja!«) Ja, das glaube ich wohl – die Zeit vergeht und sie vergeht oft schneller als uns lieb ist, das merken wir alle.
Nun kommt das Weihnachtsfest heran, das Sie sicher alle mit Ihren Kindern und Enkelchen verleben werden, nicht wahr? (Chor der Alten: »Ja!«) Auch von dieser Generation dient nun schon eine

ganze Anzahl wieder unserem Werk und fühlt sich diesem Werk verbunden. Das Betriebsklima und unsere Sozialleistungen sind übrigens schon mehrmals von führender Seite als »ausgezeichnet und vorbildlich« bezeichnet worden, und daraus ergibt sich diese Anhänglichkeit, die ja auch Sie heute mit der so zahlreich gefolgten Einladung beweisen!
Sie freilich stehen nun schon alle in dem wohlverdienten Lebensabend. Und machen Sie nicht auch die alte Erfahrung, daß auch das Alter seine schönen und lichtvollen Seiten hat? (Chor der Alten: »Ja!«) Sehen Sie, und in diesem Sinne möchte ich Ihnen jetzt noch einen schönen Nachmittag und dann ein fröhliches Weihnachtsfest wünschen! (Beifall) Hoffentlich schmeckt's Ihnen wieder bei uns, (Beifall) hier bei Tannenduft und Kerzenschein, die uns allen etwas sagen, nicht zuletzt auch mir, und ein Weilchen bleibe ich noch unter Ihnen! (Beifall) Guten Appetit! (Chor der Alten: »Danke!« und längerer Beifall)

Beispiel 2 und 3
Die drei folgenden Muster sind gedacht für Ansprachen auf einer Betriebsversammlung. Stil und Art der beiden ersten können herangezogen werden, wenn es zu einer Auseinandersetzung zwischen den Arbeitnehmern und dem Arbeitgeber kommt. (Die dritte Vorlage gilt für den Fall, daß der Arbeitgeber beim Betriebsrat erreicht hat, daß die Leiterin der Werksbücherei auf der Betriebsversammlung einmal kurz zu Wort kommen darf.)

DER BETRIEBSRATSVORSITZENDE AUF DER BETRIEBSVERSAMMLUNG

Liebe Kolleginnen und Kollegen!
Die heutige Betriebsversammlung ist einberufen worden wegen einiger anstehender Punkte, die schon seit längerem endlich über die Bühne gebracht werden müssen! (Beifall)
Der erste Punkt ist die Kranzkasse, also unsere Kasse für die Ehrung von sterbenden, also verstorbenen Kolleginnen und Kollegen. Wie

auch die Statistik zeigt, nimmt in Deutschland die Zahl der jungen Leute stets ab. Daraus folgt eine Zunahme der älteren Kolleginnen und Kollegen, auch der Sterbefälle. Somit ist der bisherige Beitrag von 50 Pfg. jeden Monat zu niedrig, auch wo die christlich-demokratische Regierung nichts an dem Preisanstieg unternimmt (Unruhe), was sich auch bei Kranzspenden auswirkt. Es soll also künftig von jedem Monatslohn 1 D-Mark abgezogen werden, (Lebhafte Unruhe) denn wir alle wollen ja, daß unsere Kollegen einen würdevollen letzten Gruß von ihren Kollegen bekommen, (Beifall) wie wir ihn ja auch selbst erwarten würden von unseren Kolleginnen und Kollegen! (Beifall)

Dann ist da ein zweiter Punkt, betreffend die Klageeinreichungen betreffs Kantine, Kantinenessen. (Beifall) Wir vom Betriebsrat haben uns mal umgehört, wie der Eindruck ist, ob das Essen schlecht ist oder für den Preis zu teuer. (Beifall) Also, die Klagen scheinen von einigen notorischen Meckerern zu kommen (Beifall), die zu Hause auch nichts Gutes daranlassen. (Beifall) Wir alle haben doch wohl den Eindruck, daß die Kolleginnen und Kollegen in der Küche das in den letzten Monaten sehr gut machen, (Beifall) ihre Sache, und alles genug und schmackhaft zubereiten! (Beifall) Auch sind sie sehr gut zurechtgekommen (Beifall) mit dem neuen Herd, den die Betriebsleitung ja hat aufstellen lassen, nach betreffender Anregung aus dem Betriebsrat! (Schwacher Beifall)

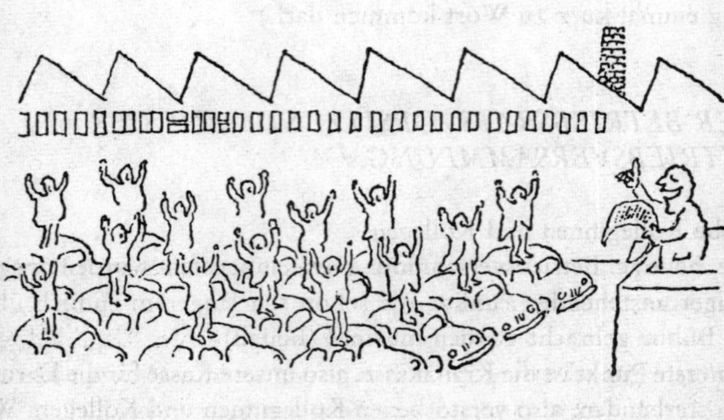

Nun aber der Punkt, der ganz wesentlich vorrangig ist! Was ich meine, ist eine Sache des Lohnes, dem eigentlichen Kern von jedem Arbeitsverhältnis – also es geht um das außertarifliche Wegegeld! (Beifall) Wenn unser Werk in einem so kleinen Ort liegt, das beinhaltet lange An- und Abwege von zu Hause. Da muß nun eingehakt werden! (Beifall) Diese Wege aus der Umgebung sind ja unsere Zeit, und gerade in unserer Zeit mit ihrer Schnellebigkeit und so weiter ist ja Freizeit ein Gut, das für jeden von uns unersetzlich notwendig ist! (Beifall) Und zwar in dem vollen und vollsten Umfange! (Beifall) Demzufolge liegt in der Wegzeit echte Arbeitszeit vor, (Beifall) und wie klar folgt, die auch voll bezahlt werden muß! (Beifall) Voll, das heißt natürlich: als Überstunden, denn es ist ja außerhalb der Arbeitszeit! (Beifall) Darüber muß mit der Betriebsleitung geredet werden, weil andernfalls für den arbeitenden Menschen eine unmögliche Zumutbarkeit entsteht für alle, (Beifall) die morgens und abends den betreffenden Weg zurücklegen! (Beifall) Es handelt sich hier um eine Ausnutzung, (Beifall) die sehr an vergangene Zeiten erinnert, (Beifall, Ruf: »Heil Hitler!«) mit dem Klassenkampf, den es ja angeblich nicht mehr gibt. (Rufe: »Oho!«) Also eine Ausnutzung demzufolge, (Beifall) gewissermaßen wird da bloß die Tatsache ausgebeutet, daß hier das einzige größere Werk in der ganzen Umgebung erstellt ist! (Beifall) Demzufolge aber ist hier unser entschlossenes Nein am Platze (Beifall) und alles Entsprechende, wie oben dargelegt. (Beifall) Denn so kann und kann man uns auf die Dauer nicht bewerten (Beifall) bzw. sogar behandeln! (Großer Beifall)

DER ARBEITGEBER AUF DER BETRIEBSVERSAMMLUNG

Liebe Mitarbeiter!

Ich möchte nur zu zwei von den soeben angesprochenen Punkten ganz kurz Stellung nehmen.

Da war einmal die Rede von einem sogenannten Wegegeld. Ich habe sehr gutes Verständnis dafür, gerade weil für mich der Mensch im Mittelpunkt steht, und ich weiß aus eigener Erfahrung, wie

unfruchtbar und unbefriedigend derart lange Anmarschwege sind, wie das bei vielen von Ihnen der Fall ist. Selbstverständlich kommt einem das als eine vertane Zeit vor, besonders in der Frühe und auch abends, wenn man seine Freizeit antreten möchte. Ich neige gar nicht zu einer Unterschätzung dieses Problems für den arbeitenden Menschen, abgesehen davon, daß gerade am Abend etwas frische Luft, das Heimwegsgespräch mit den Kameraden und so weiter natürlich insofern positiv zum Abstandgewinnen von der Arbeitsatmosphäre und so weiter beiträgt.
Genau aus diesem Grunde hat unsere Firma ja schon seit zwei Jahren eine Regelung, die das Problem mit einer großzügigen Lösung versieht: nämlich den zinslosen Sonderkredit für jeden unserer Mitarbeiter, soweit wenigstens sieben Jahre bei uns tätig, der hier am Ort ein Eigenheim baut, (Rufe: »Hoho!«) bitte, lassen Sie mich ausreden!, eine Eigentumswohnung kauft oder einen mehr als zwölf Jahre umfassenden Mietvertrag mit entsprechender Vorauszahlung abschließt, hier am Ort. Ich muß Ihnen leider sagen, daß dieses Angebot bisher so gut wie überhaupt nicht ausgenutzt worden ist! Also hier liegt doch wohl der Hase im Pfeffer, und da sind die heute hier aufgestellten Forderungen, die da eben vorgetragen worden sind, für mich daher, also, sagen wir einmal vorsichtig: etwas verblüffend. (Unruhe) Sie sind unangemessen (Unruhe) auch deshalb, weil sie ja an dem Kern des Übels vorbeigehen, nämlich dem langen Anmarschweg! Insofern ist das erwähnte, schon seit zwei Jahren bestehende Angebot der Firma sehr viel radikaler. Wir sind auch durchaus bereit, darüber könnte ja in ordentlichem und korrektem Ton statt mit einer sonst hier im Haus unüblichen Aggressivität einmal geredet werden, ohne daß das übers Knie gebrochen werden braucht, also bereit, über eine Herabsetzung der vorausgesetzten Tätigkeitsdauer von sieben auf beispielsweise sechs oder gar fünf Jahre zu sprechen. Solches Entgegenkommen ist von der Werksleitung in einem besonders gelagerten Einzelfall auch bisher schon einmal gewährt worden!
Ähnlich hat sich die Werksleitung auch in dem zweiten hier angesprochenen Punkt verhalten, was die Kantine angeht, und weitere Pläne gehen in dieselbe Richtung. Ich bin nicht der Ansicht, daß das Kantinenessen tatsächlich jeden Tag den notwendigen Standard

hat, (Beifall) den ein vollarbeitender Mensch braucht. (Beifall) Das liegt nun an dem raschen Wachstum der Belegschaft, womit die Kücheneinrichtungen nicht Schritt halten konnten, was auch räumliche Gründe hatte. Vor allem geht es ja bei diesem Essen um Vitamine, und da ist in der Kantine der bisherige Engpaß. (Beifall)

Die Firma hat darum bereits bestellt und wird demnächst angeliefert eine automatische Salatwaschmaschine (schwacher Beifall) und ebenso ein Spezialgurkenkühler *und* -schäler, der dann die Bevorratung mit diesem verderblichen Gemüse übernimmt und erlaubt, so daß beides zusammen dann unter Wegfall anderer weniger wertvoller Speisen die fast tägliche, genügende Beigabe garantiert von diesen vitaminhaltigen Materialien bzw. also Gerichten! (Vereinzelter dünner Beifall) Danke sehr!

Beispiel 4

Der Arbeiterschaft kulturelle Werte nahezubringen ist eine der großen Aufgaben unserer Zeit; vor allem sind es, in Bildungsstätten aller Art, Frauen, die sich dieser Aufgabe widmen. Die folgende Vorlage ist daher auch bei anderer Gelegenheit zu verwenden.

DIE LEITERIN DER WERKSBÜCHEREI AUF DER BETRIEBSVERSAMMLUNG

Liebe Kolleginnen und Kollegen!
Weil Sie hier einmal alle zusammen sind, möchte ich Ihnen einmal einige neue Dinge über unsere Bücherei sagen! (Beifall)
Unsere Bücherei umfaßt jetzt 2145 Titel, und zwar aus allen Gebieten. Auch haben wir jetzt unseren neuen Katalog fertig. Wenn also einer einen bestimmten Autor sucht, genügt jetzt ein Blick in den Katalog, meine Mitarbeiterin oder ich gehen dann an das Regal, und da steht er schon! (Allgemeines Gelächter, Zuruf »Meiner nicht!«) Das lange Suchen fällt jetzt also fort. Außer dem Verfasserkatalog haben wir auch einen neuen Katalog nach Sachgebieten. Wer sich also besonders für religiöses Schrifttum interessiert (Zuruf: »Brennend!«) oder für, sagen wir mal, Biologie oder Literaturgeschichte, der wird zunächst dahin greifen! (Zuruf: »Wohin?«, Gelächter) Zu dem Katalog nach Sachgebieten.
Nachdem wir also alles neu organisiert haben, hat die Bücherei auch einige Bitten an Sie. Vor allem: die Möglichkeiten unserer Werksbücherei werden bisher viel zuwenig ausgeschöpft! So ist die vollständige neue Arno-Holz-Ausgabe, die wir mit hohen Ausgaben angeschafft haben, noch kein einziges Mal ausgeliehen worden! Und dasselbe ist bei einer ganzen Reihe anderer Bücher der Fall, sogar bei dem Briefwechsel zwischen Goethe und Schiller! Überhaupt haben wir soviel wertvolles Schrifttum, gerade bei dem heutigen Bildungshunger! (Zuruf: »Mahlzeit«; Heiterkeit) Das kann uns doch alle bereichern! (Zuruf: »Her mit das Geld!«)

Bitte, hören Sie mir doch einen Augenblick ernsthaft zu! Wir haben auch angeschafft, was Sie doch alle interessiert, einiges über Wirtschaft; (Zuruf: »Prost!«) besonders die Bücher von Hanns Martin Schleyer (Unverständliche Zurufe) und Graf Lambsdorff und anderen in dieser Richtung! Außerdem ist eine ganze Menge sehr guter Taschenbücher neu, z. B. von Christa Meves sind gerade wieder elf Titel eingestellt worden, und dann auch Bücher zur Fortbildung! Natürlich können wir nicht jedes Buch haben, das verlangt wird. Doch wo wirklich ein echter Bedarf besteht, soll das Loch selbstverständlich gestopft werden! (Zurufe: »Immer!«, »Wem sein Loch?«; Heiterkeit)

Eine letzte Bitte noch: Bitte, geben Sie das entliehene Buch doch pünktlich nach acht Tagen zurück! Ihre Kollegen warten ja auch! Sonst müssen wir eine Strafgebühr einführen, und das möchten wir doch alle nicht! Und noch eins: Bitte, pflegen Sie die Bücher, die ja teuer und wertvoll sind und das Geld der Firma gekostet haben! Zum Beispiel eine Speckschwarte ist kein Lesezeichen – Sie wissen schon, wie ich das meine. Vor allem aber: kommen Sie!, wir in der Bücherei sind ja dazu da, Ihnen zu helfen! (Zurufe: »Womit?«, »Bitte noch heute!«, »Ich bin Strohwitwer!«; Heiterkeit, Beifall)

VIII. Vereinsansprachen und Predigten

Wir haben in dieser Mustersammlung nun schon mehrmals gesagt und gezeigt, daß eine engere Bindung unter einer größeren Anzahl Menschen nur durch Ansprachen zu erreichen ist. Daher rührt auch die außerordentliche Bedeutung, die die Ansprache für das Leben eines Vereins oder einer Kirche hat.

Beispiel 1
Alle Vereine haben einen sogenannten Zweck, und alle Ansprachen, die bei Vereinen gehalten werden, haben ihrerseits den Zweck, diesen Zweck zu würdigen, zu betonen, zu vertreten, hervorzuheben. Insofern enthalten alle Vereinsansprachen – mit entsprechender Abwandlung gemäß dem jeweiligen Zweck des Vereins – die folgenden Kernsätze, die hier auf den Vereinszweck »Graues Perlhuhn« bezogen sind.

PROGRAMMATISCHE DARSTELLUNG DER VEREINSZIELE

Das von uns geförderte Graue Perlhuhn ist das Zukunftsträchtigste, was es auf diesem Gebiet gibt! Die Zukunft ist mit uns, wir aber arbeiten für die Zukunft, die beim Grauen Perlhuhn schon begonnen hat!
Indem wir uns für das Graue Perlhuhn einsetzen, setzen wir uns nicht nur für die graueste aller Hühnerrassen ein, sondern auch für die geperlteste! Damit aber leisten wir einen entscheidenden Beitrag zur Konsolidierung und zur Rettung der Umwelt!
Nicht zufällig haben wir uns gerade in den Dienst des Grauen

Perlhuhns gestellt. Nicht nur Deutschland braucht das Graue Perlhuhn als eins seiner dringlichsten Anliegen. Auch in den anderen EG-Ländern werden immer mehr Versuche zur Züchtung grauer geperlter Hühner unternommen; wenn auch weniger effektiv als bei uns. Das bedeutet: Wenn Europa werden und Deutschland darin keine bloß untergeordnete Rolle spielen soll, dann über das Graue Perlhuhn!

Aber auch die Entwicklungsländer haben ihre Erwartungen auf uns gerichtet. Ich erinnere an den Satz des Bundeskanzlers: »In sehr vielen Entwicklungsländern ist das Huhn nicht gut eingerichtet.« Da aber liegt die weltweite Bedeutung des Grauen Perlhuhns!

Daß die DDR und der ganze Ostblock unsere Arbeit mit äußerstem Mißtrauen verfolgen, zeigt nur, daß wir auf dem richtigen Weg sind! Das Graue Perlhuhn steht für die Freiheit und die westliche Lebensordnung überhaupt! Auch vor den sogenannten neutralen Ländern!

Wenn wir im Kampf um den Sieg des Grauen Perlhuhns hart bleiben, helfen wir den unterdrückten Völkern des Ostens und unseren Mitbürgern drüben!

Der Mensch unserer Zeit braucht in all den Massenmedien und der automatisierten Arbeit eine persönliche Beziehung. Gerade da aber setzt unsere Bemühung um das Graue Perlhuhn ein! Das muß jeden Deutschen angehen!

Unsere Bemühung um das Graue Perlhuhn sowie dieses selbst ist wesentlicher Ausdruck unserer Zeit! Denn unsere Zeit verlangt nach dem Fortschritt, nach der Konsolidierung. Da leisten wir nun den entscheidenden Beitrag! (Weiter siehe oben.)

Beispiel 2
Mit solchen Kernsätzen verbunden wird ein Jahresbericht über die jeweils geleistete Arbeit des Vereins bei der jährlich stattfindenden Jahresversammlung.

JAHRESBERICHT VOR DER AKTION GEMEINZEIT E.V. (HAUPTPUNKTE)

Die ganze Zukunft ist davon abhängig, daß es gelingt, das überall brennende Freizeitproblem zu lösen! Wie an die Stelle des Freisinns der Gemeinsinn, so muß Freizeit durch Gemeinzeit überwunden werden!
Indem wir uns für die Gemeinzeit einsetzen, setzen wir uns nicht nur für die zeitgemäßeste, sondern auch für die gemeinsamste Zeitgestaltung ein! Damit leisten wir einen entscheidenden Beitrag zur Konsolidierung und zur Rettung der Umwelt! In diesem Geiste hat unsere Ortsgruppe Neuss erreicht, daß der dortige Stadtpark für Einzelspaziergänger nicht mehr zugelassen ist, sondern nur noch für Spaziergruppen ab mindestens vier Personen. Dankbar haben die Einwohner diese Regelung begrüßt, die für sie eine vollkommene Lösung des Freizeitproblems beinhaltet!
Wenn Europa wirklich werden und Deutschland dabei nicht zurückfallen soll, dann über die Gemeinzeit! Zu diesem Zweck haben wir diesen Sommer einen unserer Mitarbeiter nach Bordeaux geschickt, der dort die verheerenden Folgen ungezügelter Freizeit studiert hat. Er bildet sich zur Zeit als Aufseher an einem norddeutschen Zuchthaus weiter aus.
Aber auch die Entwicklungsländer haben ihre Erwartungen auf uns gerichtet. Ich erinnere an den Satz des Bundeskanzlers: »Die Bevölkerung der Erde hat eine beträchtliche Zunahme zu verzeichnen,

und wir können nicht gleichgültig bleiben, wenn sich mit diesen unbeschäftigten Menschen auch eine Zunahme von freier Zeit herausstellt.« Die Aktion Gemeinzeit hat darum dieses Jahr 95 führende Mitarbeiter nach Indien entsandt, die dort eine ganze Reihe von Indern erfassen konnten und diese in einem Deutschen Volksliederlager zusammengefaßt haben. Das Echo ist sehr groß! Unsere Mitarbeiter müssen jetzt zurückkehren, weil angesichts der dortigen Verhältnisse die meisten Lagerinsassen durch Hunger verstorben sind, doch ist dieser erste Ansatz so vielversprechend gewesen, daß es uns dank staatlicher und privater Unterstützung möglich ist, schon im nächsten Monat erneut 214 Personen hinüberzuschicken! Daß die DDR und der gesamte Ostblock unsere Arbeit mit größtem Mißtrauen verfolgen, zeigt nur, daß wir auf dem richtigen Weg sind! So haben sich uns dieses Jahr auch eine Reihe Fluchthelfer angeschlossen sowie Bundeswehrfreiwillige, die abends durch gemeinsame Schießübungen ihre Freizeit überwinden. Auch sind wir in mehreren Broschüren der Propagandalüge einiger westlicher Linksjournalisten entgegengetreten, daß es drüben bereits viel und sehr viel Gemeinzeit gebe und bei weitem nicht soviel Freizeit wie

hier! Und wenn es wirklich so wäre, wären wir erst recht verpflichtet, hier unsere westliche Gemeinzeit dagegenzustellen!
Der vereinsamte Mensch unserer Zeit zwischen Automation und Massenmedien braucht die persönliche Beziehung zur Gemeinzeit!
In Böblingen reinigen jeden Nachmittag Hunderte alter und junger Menschen gemeinsam die Rinde der nahen Waldbäume von Milben und anderen Umweltbelastungen; in Bramstedt findet wöchentlich ein großes Massenstricken der Gemeinzeitlerinnen statt, wo Buchhüllen für die Volksbücherei entstehen; nicht zu reden von dem gemeinsamen Singen im Frankfurter Zoo, wo den Eisbären die ihnen vertrauten Eskimolieder zu Gehör gebracht werden und das von dem Zoodirektor selbst im Fernsehen »eine humanitäre Tat« genannt worden ist! Überall an solchen Punkten setzt unsere Bemühung um die Gemeinzeit immer wieder ein!
Gemeinzeit und unsere Bemühung um Gemeinzeit ist wesentlicher Ausdruck unserer Zeit! Denn unsere Zeit verlangt nach dem Fortschritt, aber auch nach der Konsolidierung! Da leistet unsere Aktion, die endlich alle Deutschen erfassen wird, den entscheidenden Beitrag – denn nur Gemeinzeit kann das Ende der Freizeit bringen!

Beispiel 3 und 4
Mancher Benutzer dieses Buches wird wohl etwas verwundert sein, hier einen Abschnitt »Predigten« vorzufinden, weil er weiß, daß für solche Zwecke ganze Predigtbücher vorliegen. Selbstverständlich beabsichtigt unsere Sammlung nicht, mit solchen Büchern in Konkurrenz zu treten und ihrerseits den Geistlichen beider Konfessionen Hilfestellung für ihre Predigten zu geben – wenngleich wir nicht ausschließen wollen, daß auch sie in den folgenden Vorlagen vielleicht noch die eine oder andere Anregung finden. Wesentlich aber geht es uns darum, mit diesen Vorlagen solchen Benutzern der Sammlung zu helfen, die im Rahmen kirchlicher Veranstaltungen oder Kreise eine Ansprache halten müssen – vor kirchlichen Seminaren und Akademien, auf Kirchentagen, bei religiösen Feiern auf gemeindlicher oder familiärer Ebene. Angesichts einer solchen Verpflichtung ist es stets unerläßlich, sich an einer Predigt zu orientieren, damit man den richtigen Ton findet. Richtiger Ton übrigens

heißt hier vor allem: die Verwendung einiger Bibelzitate, von denen einige im Laufe des Vortrages mehrfach wiederholt werden.
Da an eine solch allgemeine Verwendung der hier gegebenen Predigt-Vorlagen gedacht ist, sind sie auch auf einen möglichst allgemeinen Anlaß hin verfaßt, nämlich auf den 1. Januar; aus dem gleichen Grund sind für die evangelische Vorlage einige an sich nicht für diesen Tag bestimmte Bibelstellen herangezogen worden.

PREDIGT AM NEUJAHRSTAGE (EVANGELISCH)

Liebe Brüder und Schwestern in Christo!
»Und als er in des Obersten Haus kam und sahe die Pfeifer und das Getümmel des Volks, sprach er zu ihnen: Weichet, denn das Mägdlein ist nicht tot, sondern es schläft.« Matthäus, 9. Kapitel, Vers 23 bis 24. Und wiederum heißt es in der Schrift: »Ich will deinem Vieh Gras geben auf deinem Felde, daß ihr esset und satt werdet.« Und wiederum heißt es: »Halte im Gedächtnis Jesum Christum.«
Lasset uns preisen über diesem Neujahrstage Gott den Herrn und seinen Sohn Jesum Christum, der an diesem Tage seinen Namen erhalten hat, der da ist Jesus. Und beginnt auch das Jahr der Kirche mit dem ersten Adventsonntag, so ist doch Gemeinde auch in der Welt und gesandt in die Welt, wie Jesus Christus selbst, da er »sahe die Pfeifer und das Getümmel des Volks«. So haben heute auch unsere Glocken zum Jahreswechsel geläutet, daß wir das Jahr begännen in dem Namen unseres Herrn, der über uns ist, und uns im Herzen sei das Wort des Apostels: Halte im Gedächtnis Jesum Christum.
So treten wir unter dem Evangelium ein in das neue Jahr – und mit unserem Herrn sehen wir die Pfeifer und das Getümmel des Volks. Aber er hat uns auch Vollmacht gegeben, als er sprach, wie geschrieben steht: Wo zwei oder drei in meinem Namen versammelt sind, da bin ich mitten unter ihnen. So haben wir Vollmacht aus seinem Wort und Namen, daß auch wir hineinrufen in dieses neue Jahr: Weichet, denn das Mägdelein ist nicht tot, sondern es schläft.

Wahrlich, der Datums-Einschnitt ist ja nichts Wirkliches, er ist eine Abmachung unter Menschen, ist Menschenwerk. Das vergangene Jahr aber ist nicht tot, sondern es schläft. Schläft, daß es erwache und für oder wider uns zeuge am Tage, da der Herr wiederkommt, Jesus Christus. Dieses vergangene Jahr auch ist eingeschrieben in das Buch der Lebendigen und der Toten, und so auch wird eingeschrieben werden dieses neue Jahr. An uns aber ist es, in gemeinsamer Fürbitte die Gnade Gottes zu erflehen, daß er uns dieses neue Jahr zum Heil werden lassen möge – in deine Hände sei Anfang und Ende, sei alles gelegt! Es gibt keine andere Rettung, aber es gibt auch keine andere Zeit als die je und je von Gott gesetzte, deren Ende er allein bestimmt, wie er allein ihren Anfang bestimmt hat.

Was aber erwartet Gott von uns an diesem Tage, da wir uns auf das neue Jahr besinnen – von dir, von mir? Kann Gott von unserer Armseligkeit und Schwachheit überhaupt etwas erwarten? Ja – jene aus Christus kommende Glaubenstapferkeit, die der Apostel meint, wenn er sagt: Halte im Gedächtnis Jesum Christum. Ja, halte fest inmitten der Pfeifer und des Getümmels des Volks, halte im Gedächtnis Jesum Christum. Denn unser Erlöser wird uns das Jahr ausrichten, wie gesagt ist: Ich will deinem Vieh Gras geben auf deiner Weide, daß ihr esset und satt werdet. Es ist keine Sattheit außer dem Herrn, denn es ist keine Weide als die, von der Jesus Christus gesagt hat: Ich bin der gute Hirte. Und ob Sattheit Hunger

ist oder Hunger Sattheit, wir wissen uns alle Zeit gekannt von dem Hirten – halte im Gedächtnis Jesum Christum.
Wie wir in dieses Jahr eintreten, so trat der Herr »in das Haus des Obersten«, sagt die Schrift, in das Haus weltlicher Obrigkeit. So gehört auch dieses neue Jahr jenen, die es heute beginnen lassen, der weltlichen Obrigkeit. Das wahre Geheimnis, das in ihm ruht, aber vermögen allein jene zu wecken, die mit Jesus von Nazareth sind: das Mägdlein ist nicht tot, sondern es schläft nur. Alles in dieser Welt, alles in diesem Jahr, alles in unserem so rauhen und schwachen Alltag wartet allezeit auf das verwandelnde Wort Jesu Christi – damit es erwache und zu sich selbst komme, indem es unter das Kreuz Jesu Christi trete, von dem der Apostel spricht, wenn er sagt: Halte im Gedächtnis Jesum Christum. So auch stehen wir in der Erwartung seines Wortes bis ans Ende der Tage, da er selbst erscheinen wird in all seiner Kraft und Herrlichkeit, uns das unvergängliche Gras zu geben, auf daß wir essen und satt werden. So harren auch wir der Wandlung, die seine Gnade an uns wirken möge, wenn wir um seinetwillen mit ihm und in ihm gegenübertreten den Pfeifern und dem Getümmel des Volks. Denn sein ist das Beginnen, sein das Vollbringen – was dazwischen liegt, aber ist jene Stunde, da das Haus des Obersten wartete dessen, der da kommen sollte zu sagen: Es schläft nur. So schlafen auch wir, ihn im Gedächtnis, Jesum Christum, unseren Herrn, auf daß auch uns seine Gnade am Ende der Zeiten das Brot der ewigen Wachheit gebe, daß wir essen und davon satt werden in Fröhlichkeit in Ewigkeit. Amen.

PREDIGT ZUM NEUEN JAHR (KATHOLISCH)

Liebe christgläubige Zuhörer!
Ein jeder von uns hat sich wohl schon einmal nach der Bedeutung seines Namens gefragt, sich gefragt: Was will der Name Jakob, der Name Anton sagen? Denn wir vertrauen darauf, daß der Name etwas Charakteristisches bezeichnet. Nun haben wir aber unseren Namen nicht um seiner selbst willen, sondern um des Heiligen willen, der diesen Namen in der Kraft Gottes geheiligt hat. Jesus

aber, der am heutigen Tage, da wir das Fest der Beschneidung feiern, den Namen Jesus erhalten hat, – sein Name sagt das Entscheidende über ihn selbst aus: Jesus, das heißt Erlöser.

Der bürgerlich-weltliche Kalender will, daß wir an diesem Tag auch in das neue Jahr treten. Das Wort der Lesung des heutigen Tages aber steht so für den Christen auch über diesem neuen Jahr: »Die Gnade Gottes lehrt uns, der Gottlosigkeit und den weltlichen Gelüsten zu entsagen und sittsam, gerecht und fromm in dieser Welt zu leben.« Das wollen auch wir heute Gott von neuem ganz fest versprechen, das soll unser Vorsatz für dieses Jahr sein.

Das bedeutet für jeden von uns: Wir wollen mit der Kirche, in der Kirche und für die Kirche leben.

»Die Gnade Gottes lehrt uns«, sagt der heilige Paulus – aber wie und wo sollte sie lehren, wenn nicht durch die Vermittlerin aller Gnaden, seine Kirche, von der Christus gesagt hat: »Auf diesen Felsen will ich meine Kirche bauen, und die Pforten der Hölle werden sie nicht überwältigen.« Auch in diesem Jahr wird das Böse nicht rasten – an uns als einzelne werden Versuchungen herantreten, aber auch die Kirche als Kirche wird geschmäht und beleidigt werden, sogar von solchen, die sich für ihre Kinder halten, rebellischen Priestern, irregeleiteten Schriftstellern, glaubensschwachen Gliedern des Kirchenvolks. Aber die Pforten der Hölle werden sie nicht überwältigen, denn uns lehrt die Gnade Gottes, durch sie, gegründet auf Petrus den Felsen, im Heiligen Geist, auf den unser Geist antworten muß, erfüllt von der uns belehrenden Gnade, wie es in der heutigen Präfation heißt: daß das Auge unseres Geistes das neue Licht der Herrlichkeit Gottes schaut.

Der Gottlosigkeit und den weltlichen Gelüsten zu entsagen, ruft uns der heilige Paulus zu. Entsagen ist kein modernes Wort, ich weiß wohl. Und doch ist dieses die enge Pforte, durch die das Auge unseres Geistes einst die Herrlichkeit erschauen wird! Die weltlichen Gelüste aber, die uns in der heutigen Zeit mit all ihren optischen Reizen stärker bedrohen als je, das sind, wie der Heilige Vater erst in seiner letzten Enzyklika wieder gesagt hat, vor allem die Götzendienerei des Auges und des Fleisches. Von daher kommt die Gefährdung unserer christlichen Familie! Die Familie selbst muß Kirche im kleinen sein, und darum heißt es »entsagen«: in der

Kirche leben, gemäß dem großen Wort des heiligen Winfried Bonifatius: Sola in ecclesia familia – nur in der Kirche ist Familie, und, so können wir ergänzen, nur in der christlichen Familie öffnet sich der Mensch zu der Antwort, die der Apostel Paulus meint, wenn er sagt: Entsagen wir der Gottlosigkeit und den weltlichen Gelüsten.

Drittens aber, und auch das wollen wir uns für dieses Jahr vornehmen, sollen wir für die Kirche leben, so wie es in der Lesung heißt: sittsam, gerecht und fromm leben in dieser Welt. Denn damit will der Apostel uns ja sagen: Christus überhöht das Naturrecht; in seiner Kirche kommt das Naturrecht, das auch schon Sittsamkeit und Gerechtigkeit fordert, zu sich selbst und zur Vollendung in der Frömmigkeit, d.h. in dem regelmäßigen Empfang der Sakramente, im Gebet, im Gehorsam gegenüber den Nachfolgern der Apostel und in der tätigen Mitwirkung am kirchlichen Leben – zum Beispiel in der Kolpingfamilie, in der katholischen Jungschar oder in einer christlichen Partei. Nicht umsonst auch hat unser Heiliger Vater, der die ganze Not der ganzen heutigen Welt sehr genau kennt, gerade von deutschem Boden aus dieser Welt mahnend zugerufen: »Die Menschen sollen sich nicht dem Hunger überlassen, die Menschen sollen sich vermehren!« Wir beten heute im Offertorium: Auf Recht und Gerechtigkeit ruhet Dein Thron. Das aber ist eben nicht nur ein Lobpreis, sondern auch Verpflichtung, daß auch wir diese Säulen von Recht und Gerechtigkeit mit herstellen, zum Beispiel als christliche Staatsbürger, aber auch als Eheleute, Familienväter und an unserem Arbeitsplatz, im Leben für die Kirche. Darum auch nennen wir die heilige Jungfrau Maria die Mutter der Kirche und die Säule der Weisheit, Turm Davids – weil sie der Thron Gottes gewesen ist in Gerechtigkeit und Frömmigkeit, die allein uns führen werden zu der Gnade Gottes, die uns lehren und leiten soll in dem heiligen Leib der Kirche, auch in diesem neuen Jahr, damit das Auge unseres Geistes die Zeichen der Zeit und endlich die ewige Herrlichkeit schaue von Ewigkeit zu Ewigkeit durch Jesus Christus unseren Herrn. Amen.

IX. Politische Ansprachen

Eine für das ganze Gemeinwesen bedeutsame Rolle spielt unter den Ansprachen die politische Ansprache. Sie soll die Zuhörer von der Richtigkeit der politischen Anschauungen des Redners überzeugen oder, wenn sie diese Überzeugung bereits haben, was meistens der Fall sein dürfte, sie darin bestärken.

Da wir in den bisher gegebenen Vorlagen politische Momente bereits weitgehend berücksichtigt haben, folgen hier nur noch wenige Muster und einige wesentliche Hinweise. (Dabei vernachlässigen wir die Partei der »Grünen«, da diese an das Ideal der Spontaneität glauben.)

Solche wesentlichen Hinweise erwartet wohl vor allem derjenige, der die Aufgabe übernommen hat, eine oder mehrere Wahlreden zu halten. Wie bei allen politischen Ansprachen ist es auch bei Wahlreden entscheidend, daß sie vollkommene Selbstsicherheit ausstrahlen; darum vermeide man Gedankengänge und andere Kompliziertheiten. Sie vermitteln dem Hörer immer einen etwas ungewissen Eindruck; nur wer einfach spricht, kann überzeugen!

Mit einer Ausnahme, auf die wir noch zurückkommen, ist Aufbau und Inhalt der Wahlreden für die normalen Parteien gleich. Dabei unterscheiden wir:

1. Standardwahlrede = Rede vor jedem beliebigen Publikum und
2. Versatzstück = Einschub je nach Zuhörerkreis.

Der Wahlredner wird also stets Versatzstücke für Mittelständler, Arbeiter, Frauen, Studenten, Bauern usw. bereit haben und das jeweils benötigte Versatzstück an passender Stelle in die Standardwahlrede einfügen.

Die Standardwahlrede ist auf den folgenden Sätzen aufgebaut bzw. besteht aus Rankenwerk zwischen diesen Sätzen:

»Unsere Partei ist eine wirkliche Volkspartei.

Der ganze Wiederaufbau Deutschlands und daß wir wieder eine geachtete Nation sind, wäre ohne die Arbeit unserer Partei (in

Bund, Ländern, Gemeinden) unmöglich gewesen.
Ebenso die Unversehrtheit unserer Reichshauptstadt West-Berlin.
Unsere Partei hat Erfahrung.
Unsere Partei fühlt sich dem Geist christlicher Toleranz verpflichtet.
Die großen Gestalten unserer Partei! (Adenauer; Ernst Reuter; Th. Heuss)
Die Zukunft ist mit dem, der sie gestaltet – in bewußter Verantwortung gegenüber Vorfahren und Nachkommen!

Aus Tradition und Erfahrung neue Ideen für die neuen Probleme, Politik aus dem Geist unserer Zeit – darum unsere Partei!«
In den Versatzstücken dann wird der jeweiligen Gruppe bescheinigt, es komme in Gegenwart und Zukunft wie immer schon gerade auf sie an, sie sei die kulturell und wirtschaftlich eigentlich entscheidende, und dem müsse die Politik endlich Rechnung tragen! So betont man vor Studenten den notwendigen Ausbau der Universitäten, vor Frauen die Forderung nach familiengerechter Politik usw. Diese Hinweise dürften für alle normalen Wahlreden der normalen Parteien genügen; es sei nun von der einen Ausnahme die Rede.

Beispiel 1
Die Ausnahme stellt aus mehreren Gründen die CSU dar. Sowohl der besondere Charakter ihrer Führungskräfte als der besondere

Zuschnitt ihres Publikums machen für die Wahlreden dieser Partei einen besonderen Stil erforderlich, der von dem anderer Parteien und Gegenden etwas abweicht. Für eine solche Wahlrede sei darum ein eigenes Muster gegeben.

STANDARD-WAHLREDE FÜR DIE CSU

Liebe bayerische Mitbürger und Mitbürgerinnen!
Nun, wo die Wahlen auf uns zukommen, geht es wieder einmal um die Entscheidung: Wer soll das Zepter in der Hand halten? Diejenigen, die seit Jahren auf Bayern heruntersehen, (Unruhe) unser liebes Bayernland schlechtmachen und benachteiligen, (größere Unruhe) oder diejenigen, die Politik machen wollen im christlichen Geiste und aus bayerischer Tradition! (Beifall)
Wir wollen die Wut auf unser Bayern nicht mit einem unzeitgemäßen Preußenhaß beantworten. (Unruhe) Aber wir wollen eine Politik machen fürs Bayernland und für die Bayern, (Beifall) so daß ganz Deutschland seinen Nutzen davon hat! (Beifall) Denn wer's ernst nimmt mit Deutschland, das kann man an den Angriffen auf uns ja leicht sehen. (Unruhe) Es gibt längst wieder Kräfte, auch außerhalb von den Sozialisten, die wollen's so weit bringen, daß Deutschland wie ein reifer Apfel in den Schoß fällt vom gottlosen Kommunismus! (Größere Unruhe) Da ist der russische Parteichef ein lieber Mann, die rote Christenverfolgung bloß ein Verkehrsunfall! (Große Unruhe) Die kommunistische Weltrevolution aber, die an unsere Türen klopft, die ist nur ein Ammenmärchen aus dem Bayerischen Wald! (Sehr große Unruhe)
Dagegen muß doch einmal aufgestanden werden und aufgeräumt! (Beifall) Wir werden uns doch nicht fangen lassen mit dem schönen Wort »Frieden«, daß wir hinunterfallen und hineinrutschen und aufwachen unterm Kommunismus! (Beifall) Wir werden den Schergen Deutschland nicht schenken – (Beifall) aber dazu muß man halt Politik machen, richtige, große Politik! (Beifall)
Das können wir heuer, denn wir haben Deutschland ja wieder hochgebracht. Und wenn wir von Freiheit reden, dann ist das bei uns nicht bloß ein Geschwätz von Neunmalgescheiten, sondern

dann meinen wir's! (Beifall) Meinen aber eine richtige Freiheit! (Beifall) (Hierauf Versatzstücke einbauen!)
So sind's grad wir Bayern, die Deutschland heut ernst nehmen. (Beifall) Das ist uns übelgenommen worden, auf manchen großen Bayern hat man eine Hetzjagd gemacht in Bonn (große Unruhe) – aber nun, wenn wir stark sein werden, werden's schon sehen!

(Beifall) Großzügige Sieger werden wir sein, aber geben wird's was, das ist schon gewiß. Darum wählt, wer für Bayern und Deutschland eine Zukunft will, die CSU! (Beifall) Denn wir wollen eine Politik machen fürs Bayernland und für die Bayern – (Weiter wie oben, bis zu Beifallsstürmen.)

Beispiel 2
Nach den Wahlen kommt auf einen neugewählten Abgeordneten irgendwann die Aufgabe zu, seine erste Rede im Parlament zu halten, seine »Jungfernrede«, wie man in plastischer Anspielung auf Vorgänge aus der Natur sagt. Für die künftige Laufbahn des Politikers kann diese Rede ausschlaggebend sein. Man wähle sich darum ein Gebiet für diese Rede aus, von dem die übrigen Abgeordneten aller Fraktionen nichts verstehen; das hat nicht nur den Vorteil, daß unsere Fehler nicht bemerkt werden, sondern auch den, daß

wir als vielseitig beschlagener Mann gelten, der sich auch in komplizierte Materien einzuarbeiten versteht. Zugleich aber muß der Stoff der Rede uns Gelegenheit geben, allgemein gehaltene Sätze von politischer Bedeutung anzubringen, damit wir nicht als enger Spezialist verschrien werden. Im übrigen hält man eine Jungfernrede besser *gegen* etwas als *für* etwas; durch eine Attacke gewinnt man sehr viel eher Profil als durch Fürsprache für eine politische Maßnahme oder einen Gesetzentwurf.

EINE JUNGFERNREDE IM PARLAMENT

Herr Präsident, meine Damen und Herren!
Wenn, wie man sagt, Politik die Kunst des Möglichen ist, dann kann und darf das nur heißen: sie muß das Mögliche ausschöpfen, nicht sich mit der ersten und schlechtesten Möglichkeit begnügen. Wir haben bei mehreren Gesetzentwürfen, die die Ministerialbürokratie in dieses Hohe Haus gelangen ließ, aber gerade dies beobachten können: daß sie sich mit der ersten und schlechtesten Möglichkeit begnügt hatte. So aber läßt sich dieses Hohe Haus seine erste und einzige Aufgabe, Politik zu machen, von der Exekutive nicht abkaufen! (Beifall)
Vor mir liegt der Entwurf zu der Novelle zu dem Gesetz über die Nachmeldepflicht für vorgemeldete bundeswehrverursachte Flurschadensfixmeßbeträge bei gesamtjahresabhängigen Entschädigungsregulierungen. Daß diese Novelle von äußerster Dringlichkeit ist, ist vor dem Hohen Hause bereits festgestellt worden; was aber das Ministerium hier vorlegt, das ist eine Verschlimmbesserung des Gesetzes, die uns im Gesamtbereich der gesamtjahresabhängigen Entschädigungsregulierungen und damit in dem ganzen so heiklen Raum der Beziehungen zwischen Staat und Öffentlichkeit um Jahre zurückwirft! (Beifall von der eigenen Partei) Ja unsere gesamte hier geleistete Aufbauarbeit zu gefährden geeignet ist! (Kräftiger Beifall von der eigenen Partei)
Durch die Novelle soll die Angleichung der Terminierung von nachgemeldeten Fixmeßbeträgen an die Terminierung der vormeldepflichtigen Flurschadensgrundzahlen erreicht werden. Den vor-

meldepflichtigen – so steht es auch in der Begründung der Novelle. Was sich aber in den vorliegenden Entwurf eingeschlichen hat, das ist der Versuch, die nachgemeldeten Fixmeßbeträge über den Leisten der freiwillig vorgemeldeten Flurschadensgrundzahlen zu schlagen, das aber heißt, wie die Formulierung von Paragraph 14 Absatz 2 des Gesetzes in der novellierten Fassung deutlich zeigt, durch eine Hintertür jetzt die gesamten Flurschadensgrundzahlen vormeldepflichtig zu machen.

Wenn wir den Entwurf der Novelle in dieser Fassung verabschieden, engen wir erneut den Raum der Freiwilligkeit, d. h. aber der Freiheit ein, und ich stehe nicht an, in solcher Gesetzgebung einen vollkommenen Widerspruch zu unserer bisherigen Arbeit zu sehen! Der Raum der Freiwilligkeit ist durch vielerlei Notwendigkeit genügend beschränkt! (Beifall von allen Seiten) Wenn wir den Entwurf in dieser Fassung Gesetz werden lassen, wird man uns zu Recht fragen, wo denn eigentlich der grundsätzliche Unterschied zu den zwangskollektivistischen Maßnahmen östlicher Prägung liegt! (Beifall) Wir müssen wissen, was uns die Freiheit eigentlich wert ist! (Beifall) Und Freiheit – das ist auch die in allem Tun des Gesetzgebers zu bedenkende und zu sichernde Freiheit unserer Umwelt! (Beifall) Wird sie nicht durch sachstoffhaltige Belastungen aller Art genügend gefährdet? Der verbliebene Freiheitsraum des Bürgers

muß auch gegen unsere eigene Exekutive verteidigt werden! (Beifall von allen Seiten)
Andere Formulierungen des Entwurfs weisen in dieselbe Richtung. Die Art, wie Paragraph 7 Absatz 4 Ziffer 15 neugefaßt ist, läßt nur den Schluß zu, daß hier die Flurschadensfixmeßbeträge der bundeswehrverursachten Kategorie den grenzschutzverursachten in der Weise unecht gleichgestellt werden sollen, daß die Nachmeldefrist automatisch mit dem Auslaufen der Vormeldefrist beginnt – und das auch dann, wenn zwischen dem Vormeldezeitpunkt und dem Verursachungszeitpunkt die Bestimmung der gesamtjahresabhängigen Regulierungsziffern aufgrund der Vorverlegung der Grundzahlenterminierung noch gar nicht erfolgen konnte!
Abgesehen davon, daß hier ein technisch undurchführbarer Widerspruch vorliegt – die Nachmeldung der Fixmeßbeträge kann nicht vor der durch die Grundzahlenterminierung gegebenen Veranschlagung der gesamtjahresabhängigen Regulierungsziffern erfolgen –, abgesehen davon also muß eine Regelung in dieser Richtung unweigerlich zu einer Verletzung des Grundsatzes der Sparsamkeit führen. Wir können es uns einfach nicht leisten, unsere Verwaltung noch weiter anschwellen zu lassen in einem Zeitpunkt, wo der Haushalt aus allen Nähten platzt und die Verwaltungsreform gerade in Angriff genommen wird! (Beifall von der eigenen Partei) Zudem kann die zunehmende Aufblähung und Undurchsichtigkeit der Bürokratie nur zu einer Verstärkung des Übergewichts der Exekutive führen – so wie es sich in diesem Entwurf zeigt, den das Hohe Haus nicht unwidersprochen hinnehmen kann. Wir werden unglaubwürdig vor dem Steuerzahler, aber auch vor unseren Verbündeten, wenn wir die Novelle so verabschieden wie sie hier vorliegt! (Beifall von allen Seiten) Wir spielen jedoch auch den Feinden unserer freien demokratischen Grundordnung in die Hand, wenn wir den Entwurf in dieser Form passieren lassen – Politik soll ja aber nicht nur das Mögliche ausschöpfen, sondern richtige Politik heißt: die richtigen Möglichkeiten richtig nutzen, wenn sie schon eine Kunst genannt zu werden verdienen will! (Allgemeiner lebhafter Beifall)

Beispiel 3
Als letzte Vorlage zu einer politischen Ansprache und gleichzeitig als letztes Stück in unserer Sammlung überhaupt sei nun noch die zu der Silvesteransprache gegeben. Derjenige, der sie jeweils zu halten hat, möge die Vorlage möglichst weitgehend auswendig lernen; erstens, weil er es dann im folgenden Jahre leichter hat, zum anderen deswegen, weil seine Ansprache am Silvesterabend nicht nur über den Rundfunk, sondern auch über das Fernsehen ausgestrahlt wird, wo ein Sich-Verlesen oder gar ein Sich-Verhaspeln immer besonders auffällt.

DIE SILVESTERANSPRACHE

Meine lieben Landsleute!
Wieder einmal hört heute ein altes Jahr auf. Da geht unser Blick zurück, das ist ganz menschlich, auf alles, was es uns beschert hat, im Guten wie für manche einzelnen auch im weniger Guten. Aber es fängt auch ein neues Jahr an. Dem werden wir alle mit vielfältigen Hoffnungen und Erwartungen entgegensehen und manch einer auch mit der einen oder anderen berechtigten ernsten Frage.
Besonders erfreulich gestaltet sich unser Rückblick für jeden von uns durch den Gedanken an die Tatsache, daß uns Menschen in Europa erneut der Friede erhalten geblieben ist. Dafür habe ich unseren amerikanischen Freunden bereits ausdrücklich gedankt und möchte das auch von dieser Stelle aus tun! Wir wissen, wie es sonst auf der Welt zugeht, und wissen, daß eine solche Weltmacht nur Freunde behält, die sie braucht, weil sie sich auf sie verlassen kann. Wir könnten anderenfalls zu den USA und ihrer Regierung auch nicht das Vertrauen haben, für das wir alle einstehen.
Es sind aber, und das berührt mich sehr schmerzlich, diesseits und jenseits des Atlantik auch in diesem Jahr wieder viele Männer und Frauen verstorben, die sich um Deutschland verdient gemacht haben. Ich denke da an alle Gebiete der Politik, der Wissenschaft und der Kunst, aber auch der dritten Welt. Viele von ihnen habe ich persönlich gut gekannt, und zwar in einer großen gegenseitigen Wertschätzung mit ihnen. Allen diesen Männern und Frauen ge-

bührt unser aufrichtiger Dank, den ich hiermit ausspreche. Dank freilich gebührt auch allen denen, die ich hier jetzt nicht alle nennen kann, die aber auch in diesem Jahr an einer verborgenen Stelle ihre Pflicht getan haben: als Landwirte oder als Hausfrauen, aber auch als Bundesbahner oder Krankenschwestern oder Sicherheitsorgane mit dem oft so langen und schweren Nachtdienst. Menschen, die ich persönlich einfach bewundern muß und die wir alle bewundern müssen.

Das gilt besonders auch für die, die im Moment noch das schwere Schicksal der Arbeitslosigkeit über sich ergehen lassen müssen und es, wie ich sehr gut weiß, im allgemeinen zusammen mit ihren Familien mit frohem Lebensmut durchstehen. Immer besser, das sehen wir ja alle, gelingt es unserer Wirtschaft, mit immer weniger Arbeitsplätzen gleichbleibende und gesteigerte Leistungen zu erbringen. Dieser Fortschritt des Standards pro Arbeitsplatz bedeutet, daß an jedem neuzuschaffenden Arbeitsplatz ein Vielfaches von dem erwirtschaftet werden wird, was früher an den jetzt eingesparten Arbeitsplätzen möglich war! Das muß man, gerade an einem Abend wie dem heutigen, einmal ganz klar sehen.
Dieses für diese Situation angebrachte Verständnis ist allerdings, wie ich bemerkt habe, immer mehr im Anwachsen begriffen und wird sich nicht aufhalten lassen. Ich habe in diesem Jahr besonders

mit sehr vielen jungen Menschen sprechen können, und ich habe immer einen sehr guten Eindruck von unserer Jugend bekommen. Das erwarten auch unsere Verbündeten von uns.
Meine Frau und ich sind, wie Sie wissen, dieses Jahr wieder häufig auf In- und besonders Auslandsreisen gewesen, und auch in diesem Jahr hat sich in deren Gestaltung eine stolze Zahl historischer Stunden ergeben. Sie erinnern sich alle daran, haben Sie doch im Fernsehen jede dieser Stunden häufig erleben können!
Gewiß, auch das muß gesagt werden, hat sich uns in der dritten Welt mancher sehr ernste Anblick geboten. Mit den bloßen Fingern auf dem Fußboden sitzend etwas zu essen, das ist noch oft eine häufige Regel. Ein kleiner Schluck Pfälzer Wein muß für diese Menschen ein Traum bleiben! Statt dessen schwingt immer wieder eine furchtbare Hungersnot ihre Geißel oder eine katastrophale Dürre, wodurch wir zur Hilfe aufgerufen sind, damit diese Menschen zunehmen können.
Erneut hat das Jahr mir Gelegenheiten gegeben, mit anderen Staaten freundschaftliche Verträge abzuschließen, in denen die deutsche Erwartung der von der Geschichte vorgesehenen deutschen Wiedervereinigung erwähnt ist. Auf diese von mir persönlich besonders gepflegte Erweiterung unseres Horizonts und unseres Ansehens sollten wir stolz sein.
Auch das vor uns liegende Jahr wird manches Neue bringen. Für manche Mitbürgerinnen und Mitbürger wird das dann und wann nicht leicht sein, denn die kommenden zwölf Monate sind eine lange Zeit. So ist in dieser Nacht nicht ein großer Lärm um des Lärms willen, sondern eine in Lebensfreude sich äußernde klare Besinnung ist an diesem Tag angebracht. Ich bin ein Optimist durch und durch; dennoch werden meine Frau und ich, der ich von meinem verantwortungsvollen Amt sehr beansprucht werde, was gern übersehen wird, werden wir keinen großen Ball besuchen, sondern im Kreis unserer alten Kinder und Freunde fröhlich sein. Denn Gott, so hoffen wir alle, wird unverändert auch im neuen Jahr unser Volk führen, ohne daß es dabei zu ernsten Schwierigkeiten kommt! In diesem Sinne wünsche ich als der vom deutschen Volk frei gewählte Inhaber meines Amtes von dieser Stelle aus jetzt Ihnen allen ein gutes neues Jahr!

Hier bietet Ihnen der Verlag die Gelegenheit mit ihrem **BRIEF** und ihrer **ANSPRACHE** die Sammlung dieses Bändchens zu vervollständigen.

ende